•

도자벽화

•

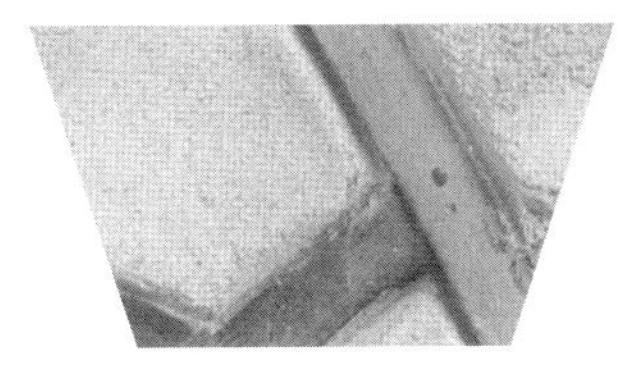

지홍석 수필집

도자벽화

수필과비평사

작가의 말

희망이란
때로는 고문과도 같다.
소소한 과거의 일상이 그리워지는 요즈음에는.

내 이름자 하나
세월이 흘러 아무도 기억해 주지 않아도
느끼고 생각하고 글을 쓸 수 있다는 것만으로도 행복하다.

먹을 수 있고
걸을 수 있음에 경의를 표해야 하지 않을까.

2022. 봄날에
지홍석

차 례

작가의 말

제1부
도자벽화

차 례

제2부

질 보겠습니다

차 례

제3부

하루에 두 번

차 례

제4부

말은 참새가 아니다

제1부 (도자벽화)

• 도자벽화

도자벽화가 궁금해졌다. 캄보디아와 베트남으로 여행을 다녀온 지 10여 일 만이다. 다소 늦은 감이 있었지만, 꼭 그래야만 될 것 같았다. 넓은 의미로 도자벽화는 벽화의 한 장르로 건물의 장식 효과를 위하여 벽에 타일을 붙여 만드는 그림이다. 건축물이나 시설물 외부에 세라믹을 조형화해 영구히 고정화하는 데 쓰인다.

4박 6일에 걸쳐 2개국을 돌아보는 여독 때문일까. 여행의 마지막 일정을 소화하기 위해 하노이로 이동하는 버스 안에서 잠이 쏟아졌다. 며칠간 쌓였던 피로가 일시에 달라붙어 반백이 넘는 세월 동안 축적한 내공으로도 어쩔 수가 없었다. 하나라도 더 알려주고 전하려는 안내자의 정성은 다음으로 밀려나 버렸고, 한

낮의 무더위를 식혀주던 소나기마저도 어머니의 자장가처럼 들리기 시작했다.

그러다 한순간 잠이 확 달아났다. 정신없이 먹이를 쪼아대다 한 발의 총소리에 놀라 날아오르는 참새의 심정이랄까. 그만큼 가이드가 들려주는 이야기는 충격적이었다. 까까머리가 유행하고 라디오가 귀하던 시절, 월남전 참전용사의 무용담은 이미 전설이 되어 우리 머릿속에 자리 잡은 지 오래였다. 그런데 그 모든 것들이 어쩌면 전부 허구일지도 모른다는 의구심이 갑자기 들기 시작한 것이다.

베트남 남쪽에 '광응아이성'이라는 지명이 있다. 그곳에 '빈호아'라는 마을이 있는데, 입구에는 높이 3.5 미터에 너비가 5미터쯤 되는 큰 비석이 세워져 있다고 한다. 일명 '증오비'라 불리는 위령탑인데, "하늘에 가닿을 죄악, 만대를 기억하리라. 한국군들은 이 작은 땅에 첫발을 내딛자마자 참혹하고 고통스러운 일들을 저질렀다. 수천 명의 민간인을 학살하고 가옥과 무덤과 마을들을 깨끗이 불태웠다."고 적혀 있다는 것이다.

문구 아래에는 더 구체적인 내용이 적혀 있다고 한다. 한국군 해병대 C부대가 들어와 마을 주민 430명을 무참히 살해했는데, 희생자 중 268명이 여성이고 182명이 어린아이라는 것이다. 그리고 그중 109명이 50세에서 80세의 노인들이라고 한다. 그런데 문제는 그런 증오비들이 베트남 곳곳에 한두 군데가 아니라는 것이다.

그중 가장 참혹한 참상이 일어난 곳이 '고자이 마을'이라고 한다. 빈딘성의 떠이선현에 위치한 마을인데 우리나라 M 부대가 주둔한 곳이었다. 얼마 전 그곳을 다녀온 가이드에 의하면 "1966년 2월 26일 미국의 명령 아래 남조선 군인들이 380명의 무고한 인민을 학살했다. 그것도 단 1시간 만에 마을 주민 전부를 야만적인 방법으로 다 몰살해 버렸다."고 적혀 있었다고 한다.

전쟁이 끝난 후 1988년, 베트남 정부는 고자이 마을을 역사적 유적지로 공식 지정했다. 그런데 논란은 여전히 진행 중이다. 현지에서는 한국군 부대에 학살의 책임이 있다고 하지만 일각에서는 다른 군대에 의한 학살이라는 것이다. 한국군은 왼팔에 견장을 붙이는데 마을 입구 벽화에 그려진 학살자의 견장은 오른쪽에 있고, 견장의 모양 또한 월남전 당시 베트남 공화국 군대의 특성처럼 보인다는 것이다.

그런데 더 충격적인 것은 다음이었다. 고자이 마을에서는 아이들이 잠을 이루지 못하면 자장가를 불러주는데 그 내용이 우리가 상상한 것과는 너무나 다르더라고 한다. "아가야, 너는 이 말을 기억하여라. 너는 자라서 이 말을 기억하여라. 한국군들이 우리들을 폭탄 구덩이에 넣고 다 쏘아죽였단다. 아가야, 너는 이 말을 기억하여라."라고 부른다는 것이다.

그런 논란을 의식이라도 하였던 것일까. 우리나라 정부는 '빈

딩성 떠이선현'에 중형 규모의 병원을 건설해 주고, 고자이 마을 가까이 '떠이안 초등학교'에 많은 지원을 해주었다고 한다. 대 베트남 개발 원조의 대부분을, 전쟁 피해가 가장 크고 한국군이 민간인을 학살했다는 중부 지역에 집중적으로 했다는 것이다.

세월이 흐르면 지워지고 잊히는 게 기억들이다. 그러나 시설물에 기록된 활자와 벽화는 다르다. 마을 사람들의 기억에 만들어진 증오비의 도자벽화에는, 떼로 몰려온 무장 군인들이 아이를 안고 있는 여성과 주민들을 향해 기관총을 난사하고, 여성들을 성폭행하여 불에다 던지는 잔학한 행동을 그대로 그려 놓았다고 한다. 그리고 또 다른 쪽에는 집단으로 윤간당한 여성이 옷이 벗겨진 채로 누워있고, 반대편에는 한 손엔 수류탄, 다른 한 손에는 총을 든 험악한 인상의 군인이 그려져 있다는 것이다.

사람들의 기억은 주관적이다. 똑같은 사건도 다르게 기억할 수가 있는 것이다. 자라온 환경과 심리에 따라 정서적 반응이 일어나는데 그것 때문에 기억이 날 수도 안 날 수도 있다고 한다. 또 일부러 잊어버리기도 하고 무의식 속에 묻혀버리기도 하는데 종종 왜곡과 변형이 일어나기도 한단다. 그렇다면 고자이 마을의 사건도 전쟁 중에 일어난 일이라 다소 과장되고 잘못된 기억으로 그려진 것은 혹 아니었을까.

도자벽화가 궁금했던 그 날, 베트남 다낭에서는 APEC 정상회담이 열렸다. 그때 우리나라 대통령은 "한국은 베트남에 마음의 빚을 지고 있다."고 사과했다고 한다. 그러나 직접적인 게 아니라 "호찌민-경주세계문화엑스포 2017" 행사의 영상 속에서 간접적으로만 표현했다고 한다. 국내에서는 베트남전쟁 참전 사과 발언이라고 언론들이 일제히 보도했지만, 1400여 개가 넘는 베트남의 언론과 방송국 채널은 단 한 군데도 이 사실을 보도하지 않았다.

이제 연간 베트남을 찾는 우리나라 관광객들의 수는 이제 210만 명을 넘는다. 그러나 50여 년의 세월이 흘렀는데도 고자이 마을의 사건은 여전히 진행 중이다. 학살의 원인이 미군의 명령이었는데도, 그들은 자신들이 목격한 것을 바탕으로 우리 군대를 가해자로 지목해 증오비에 기록하고 도자벽화에 그림으로 그려 영원히 후세에 남기려고 하는 것이다.

그렇다면 정녕 큰일 아닌가. 얼마나 깊이 사무치게 영향을 미쳤으면 그들이 그렇게 해야만 했을까. 한 해 두 해가 아니라 몇백 년의 세월이 흐른다 해도 잊지 않으려는 그들의 몸부림이 오롯이 소름이 되어 내게로 전해져 왔다. 그것이 비단 나 혼자만의 생각은 아니었던지 일행들 대부분은 이미 졸음에서 깨어나고 있었다.

• 노후 경유차

시청의 별관 앞이다. 아침 8시가 조금 지났는데도 대기 번호표가 무려 440번이다. 나름 일찍 서둘렀다고 생각했는데 이 정도라면 자못 심각하다. 맨 앞쪽 사람들은 도대체 몇 시에 집을 나섰던 것일까. 콩나물시루 같은 대기실에서 한 시간 정도를 더 기다릴 생각에 벌써 진이 빠진다.

그나마도 다행이라면 다행이다. 자칫 여유를 부렸으면 어떻게 되었을까. 나 혼자의 생각으로 공무원들 출근에 맞췄더라면 과연 대기실 안으로 들어올 수는 있었을까. 새벽부터 대기했다는 사람들이 대부분이고 보면 그만큼 살기가 빠듯해졌다는 의미일 것이다. 그런데 그 속에 내가 포함되었다는 게 조금은 슬프고

자존심 상하지만, 결코 부끄러움의 대상은 아니라고 스스로 위로해 본다.

7월의 오후였다. 뜨거운 햇살의 강도가 정점을 지나 조금씩 식어가던 시간이기도 했다. 남대구 IC로 들어서며 운전석의 창문을 내렸다. 통행료를 정산한 후 출발하려는 데 갑자기 기어가 들어가지 않았다. 1단, 2단, 3단을 차례대로 시도해 보아도 마찬가지였다. 나이가 들긴 했어도 아무런 낌새도 없이 무턱대고 고장날 정도의 차는 아니라고 믿었는데 배신이라도 당한 것일까. 몇 번을 더 시도해 보고서야 비로소 심각해졌다는 걸 깨달았다.

생면부지의 차들이 뒤에서 연신 클랙슨을 울려댄다. 차 안에 있던 열네 개의 눈동자가 일제히 내게로 향했다. 그 눈빛들이 마치 어린아이를 꾸짖듯 했다. 이제는 그만, 더이상의 장난은 곤란하다는 표정들이다. 그러나 네 명의 남자들이 차에서 내려 한참이나 차량을 밀고 나서야 겨우 도로 우측의 가장자리에 댈 수 있었다.

햇수로 18년이다. 초등학교에 갓 입학했던 딸이 벌써 대학을 졸업했을 정도의 세월이 흘렀다. 그때만 해도 자동차 오래 타기가 미덕이라, 10년 타기 운동 현수막이 거리마다 넘쳐나는 시절이기도 했다. 우리 집 수준에서는 다소 버거울 정도의 차량 가격대였지만, 기름값이 싼 경유차라서 조금 무리를 했던 것도 사실이었다.

그런데 지금은 그때와는 상황이 너무 달라졌다. 가랑비에 옷 젖는 줄 모른다더니 어느새 가솔린차 연비와 거의 같아져 버렸다. 경유 가격은 거의 세 배 가까이 올랐고, 9인승 승합차는 승용대형 차로 분리가 되어 자동차세는 거의 다섯 배나 치솟았다. 배보다 배꼽이 더 큰 상황이 되어버렸다고나 할까.

정부의 행정력은 늘 도마 위에 오르지만 단 한 번도 시원한 답을 주지 않았다. 무능력이 어떠한 것인지 수업하듯 가르쳐 주기만 했다. 오락가락은 여름철 장맛비가 아니라 몇 년 앞도 내다보지 못하는 정부의 행정력이라고나 할까. 그리고 또 구호는 왜 그리 자주 바뀌는지, 청정에너지인 경유차를 타야 한다더니 이제는 미세먼지의 주범으로 몰아 경유차는 생산도 하지 않는단다. 오래되었다고 이제는 수도권에는 진입조차 하지 못하는 초유의 사태가 되고 보니 골칫덩이도 이만한 골칫덩이가 또 어디 있을까.

삼십여 분을 더 기다리는 동안 사람들이 폭발적으로 증가했다. 대기표의 순서는 벌써 700번을 넘어버렸다. 올해 대구시에서 '노후 경유차 폐차지원금' 혜택을 받을 수 있는 인원은 대략 이천여 명, 그동안 끊임없이 줄을 이었던 타 시도의 상황에 깜짝 놀란 담당자들이 접수 기간을 한 달에서 열흘간으로 단축해 버린 결과였다.

오늘은 '노후 경유차 폐차지원금' 신청자를 받는 첫째 날이다. 처음엔 다소 혼란스러웠지만 우려했던 것보다는 접수가 순조롭

게 진행되었다. 열한 시 삼십 분을 넘어 가까스로 접수를 마치고 나오니 바깥에서도 진풍경이 벌어졌다. 한 번도 붐비지 않았던 별관 입구의 사거리에는 차량이 쓰나미처럼 몰려들었다. 특히 시내 쪽에서 시청 별관으로 진입하는 도로는 더했다. 검은 글자로 빼곡하게 채워진 영한사전처럼 차량이 몰려들어 조그마한 틈도 보이지 않았다.

저 사람들은 언제쯤 접수를 마치고 나올 수 있을까. 다섯 명의 교통경찰관들이 투입되어 수신호를 하고 있어 그 의미를 더했다. 어느 날부터 늘 일상처럼 보였던 푸르른 하늘이 잠적해 버리는 일이 잦았다. 그러자 나라에서는 오염물질 배출을 원천 차단하고자 노후 경유차 차주에게 165만 원 이하의 폐차비를 지원한다고 해서 몰려든 시민들이다.

오랫동안 쌓인 뿌리박힌 폐단 탓일까. 정부가 내어놓는 여러 가지 시책들을 별로 신뢰하지 않는다. 특히 요즈음 하늘을 쳐다보면 그러한 생각들이 더욱더 확신에 가까워진다. 단 몇 개월 사이에 그 많았던 경유 자동차들이 다 사라지기라도 했던 것일까. 한때는 맑고 깨끗하다더니 이젠 대기오염의 주범이란다. 저렴한 주유비에 뛰어난 연비까지, 한 시대를 풍미했던 경유 차는 그렇게 서서히 사양길을 걷고 있다.

사무실로 향하는데 마음이 그리 편하지 못하다. 무사히 접수를 마쳤다는 안도감보다 자꾸만 슬퍼진다. 그건 아마도 사무실 가까이에 있는 반월당 지하도가 생각나서일 것이다. 그곳 분수대 광장에는 오늘도 수많은 노인이 몰려들어 진을 치고 있다. 60세 이상의 세대들로 그들은 저렴한 비용에 밤낮 가리지 않고 목숨 걸고 일해 현재의 대한민국을 있게 한 원동력들이다. 그러나 이제는 나이 들어 힘이 떨어지고 굼뜨다는 이유로 고작 지하도나 공원에서 시간을 보내는 신세로 전락해 버린 것이다.

멀지 않는 5년여의 세월이 흘러가면 나도 그들 속에 합류해 있을지도 모른다. 그때는 매월 삼십만 원에 달하는 노인 기초연금과 이십일 세기를 살아가기에는 턱없이 부족한 국민연금 수혜자가 되어 있을 것이다. 이름조차 생소한 신종 바이러스와 기상이변을 생각하면 쉬이 잠이 오지 않는다. 취업은커녕 혼자 일어서기도 버거운 현실에 오늘을 힘겹게 지탱하고 있는 외동딸을 생각하면 가슴이 미어지기도 한다.

세월이 흐를수록 복지는 얼마나 좋아질 수 있을까. 먼 미래에 내 몸도 노후 경유차처럼 폐차가 되면 딸아이에게 조그마한 혜택이라도 주어질 수가 있을까. 사무실 문을 열고 들어서는데 반겨주는 건 오로지 허전한 빈 책상들뿐이다.

• 붙이는 멀미약

때로는 치명적인 것도 면죄부가 될 수 있을까. 멀쩡하게 살아 있던 아이들이 시신으로 수습되는 현장을 TV로 지켜보면서 문득 멀미약을 떠올리게 되었다.

"ㅋ"는 멀미약이다. 귀밑에 붙이는 것이라 누구나 간편하게 사용할 수 있어 인기다. 그러나 근래에 부작용들이 조금씩 알려지면서 논란이 되었다. 사람에 따라 차이는 있겠지만 노약자나 체질적으로 민감한 사람이 사용하면 정신혼동과 방향감각 상실, 착시와 어지럼증이 동반된 두통이 일어난다는 것이다.

몇 해 전의 일이다. 이른 아침에 국제여객선이 부산항을 등지고 미끄러지듯 너른 바다로 나아가고 있었다. 목적지는 대마도,

지척의 섬이라곤 하지만 국제적으로는 엄연한 외국 땅이다. 출발하기 전부터 들떴던 마음이 더욱더 일렁거리는 이유이기도 했다.

처음으로 외국에 나가는 사람이 태반이었다. 거기다 여럿이 어울린다는 군중심리까지 더해지면서 알 수 없는 흥분이 고조되었다. 그래서 시작된 것이 음주다. 처음엔 옆 사람과 조심스레 주고받다가 분위기가 무르익으면서 일행들이 모여들었다. 배낭에 숨겨졌던 다양한 안주들이 불려 나오고 소주에서 맥주로, 맥주에서 양주로 술병의 색깔이 바뀔 즈음 '이즈하라'에 도착했다.

대마도는 대부분 도보여행이다. 오랜 세월 동안 애증처럼 얽혀진 양국의 역사가 주 포인트다. 유월의 햇빛같이 따가운 대표적 유적지는 수선사와 국분사다. 일본군이 주는 음식은 먹지 않겠다며 아사(餓死) 순국한 면암 최익현의 시신이 머문 곳이요, 대한제국의 식민지화를 주도한 이등박문의 비서를 지낸 국분상태랑을 위해 이완용이 써준 비문이 남아 있는 곳이다.

오후의 일정이 끝나고 저녁 무렵이었다. 행사를 주관한 랜드사가 자랑하는 먹거리가 우리를 기다리고 있었다. 단돈 만 원 정도에 맛볼 수 있는 생선회와 해산물은 믿기지 않을 만큼 풍족했다. 주고받는 술잔 속에 화기애애한 분위기가 얹히고 절정으로 치달을 즈음 유독 눈길을 끄는 사람이 하나 있었다. 딸과 함께 행사에 동반한 모임의 총무였다.

그녀의 눈빛이 유난히 흐릿했다. 혼이 빠져나간 듯 멍한 표정에다 횡설수설을 반복했다. 술을 쏟기도 하고 술잔을 떨어뜨려 깨뜨리기도 했다. 평소의 성격과 인품으로는 절대 그럴 사람이 아닌데 역시 사람은 오래 겪고 볼 일이었다. 대마도 도착 전 선실에서 마셨던 술이 과한 것은 아니었는지 괜히 불안하고 걱정스러웠다.

그러던 차에 일정을 주관한 랜드사 대표가 한마디 건넸다.

"혹시 아직도 멀미약을 붙이고 있는지 한번 살펴보세요!"

아니나 다를까. 그녀의 두 귀 아래쪽에는 'ㅋ'가 하나씩 붙어있었다. 평소 멀미가 심했던 그녀가 배를 타기 전 미리 두 개를 붙였다고 딸이 말했다.

그녀의 이상한 행동은 약의 주성분인 '스코폴라민'에 있었다. 콜롬비아산 나무의 일종인 보라체로(Borrachero)에서 추출되는 것으로, 현지 언어로 "당신을 취하게 한다."라는 뜻을 가졌다고 한다. 콜롬비아 어머니들은 아이들을 키울 때 제일 먼저 하는 일이 "보라체로 밑에선 절대 잠들지 말라."고 가르친다고 한다. 워낙 마약 성분이 강해 강력한 환각작용을 일으키고 복용량을 초과할 경우, 사망에 이르게 하는 독성도 가지고 있어서다. 원시시대에는 추장이 사망하면 그 아내에게 스코폴라민을 복용하게 했다는 기록도 있다. 중독되면 자신의 의지와 상관없이 환각 상태에 빠져 자진해서 남편과 함께 생매장되는데 앞장을 섰다는 것이다.

장기적으로 사용해선 안 되는 성분이라고 한다. 일시적 치매뿐 아니라 영구적 뇌 손상까지 유발된다는 것이다. 그래서 붙이는 멀미약은 어린이가 어른용을 붙이거나 아무리 건강한 사람이라도 두 개를 붙이면 위험성이 커진다고 한다. 다행히 그녀는 멀미약을 떼어내고 두 시간 정도가 흐른 후 제정신으로 돌아왔으니 그나마 다행이었던 셈이다.

가볍게 쓰는 편리함을 모르는 이는 없다. 그래서 먹는 멀미약보다 붙이는 멀미약을 더 선호하는지도 모른다. 그러나 소량은 의학 및 약품 개발에도 쓰이나 특정 양이 체내에 흡수되면 막대한 후유증이 발생하니 문제다. 무색무취라 외국에서는 자신도 모르는 환각 상태에서 자신의 은행 계좌에서 돈을 인출해 남에게 주는 일까지 벌어졌다고 하니 경계할 일이다.

숨진 채로 수습되어 올라오는 아이들의 시신에는 특징이 있었다고 한다. 손가락 관절이 대부분 다 부러져 있었다는 것이다. 한 치 앞도 내다볼 수 없는 깜깜한 지옥 같은 공간에서 살기 위해서 무엇이든 손에 잡히는 것을 붙잡고 손가락이 부러지도록 움켜쥐었던 것이었다.

말도 안 되는 생각이지만 가정하게 되었다. 미처 빠져나오지 못한 그 아이들이 차라리 붙이는 멀미약에 중독이 되었으면 어땠을까 하고. 그랬다면 차라리 손가락 관절이 다 부러지도록 움켜쥐어야 했던 죽음의 공포와 고통에서 어느 정도는 해방되지 않았을까? 딸아이를 키우는 부모로서 그 아이들이 겪었을 참담한 고통이 너무 처절하고 안타까워서 해보는 말이다.

오늘도 속담은 경고하듯 말한다. "바다는 메울 수 있어도 인간의 욕심은 못 채운다."고. 최악의 인명사고로 기록될 이번 참사도 알고 보면 바닷물로도 채울 수 없는 인간의 작은 욕심과 탐욕에서 비롯되었다. 이미 벌어진 일에 대한 철저한 조사와 미래에 대한 대비도 좋지만 가장 먼저 해야 할 일은 마음을 먼저 다스려야 되는 게 아닐까.

언제부턴지 맑은 제정신으로 살아가기 어려운 세상이 되었다. 사람의 생명보다는 작은 이윤에 목숨을 걸고 돈을 벌기 위해서라면 뭐든지 한다. 그래서인지 생명을 담보하는 안전장치는 늘 뒷전이다. 그러다가 막상 사건이 터지면 서로에게 책임을 떠넘기고 달아나기에 바쁘다. 그러고 보면 우리 모두 붙이는 멀미약을 붙이지 않았을 뿐 이미 스코폴라민에 깊숙이 중독이 되었는지도 모른다.

• 아찔한 날의 경계

아뿔싸! 이를 어쩌나. 갑자기 하늘이 노래진다. 등에 메고 있어야 할 작은 배낭이 없어서다. 그것을 잃어버리면 모든 것이 허사다. 비자가 없는데 중국이 우리의 입국을 받아주겠는가. 혼비백산, 일생일대의 곤혹스러움이다.

대구 공항이 혼잡해졌다. 이제는 낮과 밤을 가리지 않는다. 늘어나는 건 대부분 국제선, 허울뿐이던 국제공항에서 명실상부한 국제공항으로 거듭남이다. 중국 위해로 가는 노선도 그중의 하나로, 지난 5월에 한시적으로 개통되었다.

이번 여행 일정은 2박 3일이다. 금요일에 출발해 일요일 귀국을 한다. 그래서인지 이십여 명의 참가자가 금방 모집되었다. 위해의 해변과 해상왕 장보고의 유적이 있는 적산과 법화원, 화하성을 두루 돌아볼 예정이다.

인솔자라 꾸려야 할 짐들이 있다. 크고 작은 가방이 세 개다. 큰 캐리어에는 의류와 생수, 소주, 캔 등 부쳐야 할 물품들을, 기내에 들고 탈 작은 등산용 배낭에는 카메라와 충전기, 단체 비자를 넣었다. 그리고 목에 거는 작은 백 안에는 지갑과 여권이 들었다.

항공기 출발은 14시 40분. 두 시간 전에 공항 1층에 집결해 출국 준비를 서둘다 보니 어느덧 14시가 가까워졌다. 손님들 대부분은 이미 2층 출국장 안으로 들어갔고 출국 수속을 마무리한 탓인지 갑자기 배가 출출해졌다.

참새가 방앗간을 어찌 지나치랴. 아내보다 술을 더 좋아하는 K 사장과 간단한 요기도 할 겸 출국장 앞 식당에 들어갔다. 안주 겸 식사 대용으로 육개장을 한 그릇씩 시키고 소주 한 병을 따로 주문했다. 짜르르 목을 타고 넘어가는 한 잔의 소주에 마음이 편안해지는 것도 잠시, 무언가 자꾸 허전했다. 캐리어 짐은 이미 부쳤고 작은 백 안에 여권과 지갑도 그대로인데, 등에 메고 있어야 할 작은 배낭이 없다.

식당을 박차고 1층 로비로 뛰었다. 제발, 제발 그 자리에 배낭이 온전히 남아 있기를, 귓전을 스치는 바람에게도 빌었다. 하나님과 부처님, 삼십여 년 전에 돌아가신 부모님들까지 다 불러내었다. 이백여 미터에 달하는 거리를 우사인 볼트보다도 더 빨리 뛰었는지도 모른다.

일 년 전의 일이 생각났다. 그날도 중국 북경과 장가계로 여행을 떠나는 팀이 있었다. 경남 거창에 있는 모 여행사와 합동으로 행사를 진행했는데, 처음엔 내가 인솔을 하려다가 중도에 그만두었다. 저쪽 여행사 손님이 많기도 했지만, 가족 단위의 일행 중에 장애인이 한 명 있었다.

처음엔 무척 당황스러웠다. 장애인을 차별해서가 아니었다. 여행은 모름지기 구성원들이 좌우하는데, 어떤 분들이냐에 따라 여행의 분위기가 달라져서다. 장애가 어느 정도인지 주관 랜드사도 잘 모르는 눈치였고, 저쪽 여행사 인솔자가 삼십 대 초반의 건장한 청년이라 어느 정도 안심을 하였는지도 모른다. 거기다 현지에서 가이드를 두 명 정도 더 파견해 보조해 준다지 않는가.

공항에 도착해보니 생각했던 것보다 장애인은 중증이었다. 이십 대의 아가씨로 남의 도움 없이는 휠체어에서 단 한 발짝도 내려서질 못했다. 그런 몸으로 과연 북경의 만리장성과 장가계의 그 험한 바위 계단을 오르내릴 수 있을지 의문이었다. 그런 내 마음은 아는지 모르는지 출국을 담당한 정 부장은 "해외여행에 가장 조심해야 할 것은 여권 분실"이라며 인솔자를 잘 따라 달라고 신신당부하고 있었다.

출국한 지 네 시간 정도가 지났을까. 정 부장에게서 전화가 왔다. 중국 입국 심사도 받기 전에 인솔자가 공항에서 여권을 분실

했다는 것이다. 한 단체면 또 모를까, 두 군데 여행사에서 모집한 팀이라 가이드 역할을 대신할 사람이 마땅찮았다. 손님들이 제대로 들어갔는지 연락조차 되지 않아 전화했다고 한다.

여행을 마치고 팀들이 귀국하던 날 공항에서는 난리가 났다. 한번 어긋난 여행은 일정 내내 악몽이었다는 것이다. 여권을 잃어버려 한국으로 강제 추방되더라도, 인솔자가 입국하는 과정을 대신해줄 수 있었음에도 그것을 미처 하지 못했다는 것이다. 국제 미아처럼 북경 공항에서 떠돌다가 다른 분들의 도움으로 입국은 겨우 마쳤지만, 이미 시간이 너무 지체되어 오후 일정은 단 하나도 소화하지 못했다고 한다.

인솔자 부재는 생각했던 것보다 심각했다. 또 다른 문제가 도사리고 있었다. 북경의 자금성을 제외하고는 장애인이 모든 여행 코스를 다 따라다니겠다고 떼를 썼다고 한다. 만리장성은 그나마 다행, 비가 내렸던 장가계에서는 현지에서 파견된 두 명의 가이드가 육십 킬로에 육박하는 장애인을 거의 업다시피 해 그 험악한 지형의 돌계단을 다 오르내렸다고 한다. 최악의 날씨에, 장애인을 기다리느라 시간이 지체되어 여행의 즐거움 대신 스트레스만 잔뜩 받았다는 것이다.

그런데 오늘 상황은 그때보다 훨씬 더 심각해질 수 있다. 출국 절차를 다 마쳐놓고 여행 자체가 아예 무산될 위기다. 저만치 1층 로비의 좌석들이 하나둘 보이기 시작했다. 달려가면서도 눈은 계속 의자 위를 하나하나씩 더듬는다. 순간 입이 딱 벌어지며 짧은 탄성이 터져 나왔다. 십 년 가까이 줄어들었던 수명이 원상회복되는 순간이기도 했다. 얼굴에 화색이 돌아 식당으로 돌아가니 K 사장은 어이가 없다는 표정이다. 소주를 몇 번이나 연거푸 들이켜고서야 겨우 마음이 진정되었다.

공항에서 벌어진 소동을 아는 이는 그리 많지 않다. 즐겁기 위해 떠나는 해외여행인데 떠나기 전부터 불안감을 조성할 필요는 없다. 다시는 그런 실수가 반복되지 않도록 조심조심 또 조심할 수밖에 없다. 알아서 좋은 것보다 때로는 몰라서 더 좋은 일도 있는 것이다.

여행 기간 내내, 단 몇 순간을 제외하고는 배낭을 등에서 떼 놓지 않았다. 잠을 잘 때와 샤워하는 시간을 빼고서는 말이다. 그렇다고 그날의 소동이 전부 다 마무리된 것은 아니다. 그 사실을 알았다는 이유만으로 몇 사람의 지인들은 여행 기간 내내 내 작은 배낭을 응시한 채 가슴을 졸였을지도 모른다.

그날 만약, 단체 비자를 잃어버렸다면 나는 어떻게 되었을까. 생각하는 것만으로도 아찔하지만 인솔자의 역할이 얼마나 중요한 것인지 다시 한번 제대로 깨달은 소중한 날이기도 했다.

• 구멍가게

K 건물 구내식당엔 빈자리가 거의 없다. 식사 한끼에 사천 원, 웬만한 식당의 절반 가격으로 뷔페식으로 운영한다. 최신식의 건물에 쾌적하고 전망도 좋아 조금 걷더라도 일부러 찾아든다. 처음엔 사내 직원들을 위한 복지정책으로 운영되었지만, 지금은 오히려 외부 사람들이 더 많다.

건물 주변에 작은 건물들과 집들이 다닥다닥하다. 대부분 오래된 건축물로 점포나 사무실, 식당으로 개조되었다. 바람이 새고 온기마저도 없을 것 같은 건물들을 내려다보면 떠오르는 거리가 하나 있다. 바로 인근의 대구역 네거리다.

남북을 경계로 건물과 집들이 대조를 이룬다. 남쪽으론 한때

한강 이남에서 가장 큰 건물이었던 D 빌딩이 흉물처럼 서 있고, 그 주변으로 단층의 건물과 집들이 삼십여 년 전 모습으로 늘어서 있다. 그러나 반대쪽은 확연히 다르다. 국가 철도와 지하철이 연결된 대구역은 대리석 외형으로 대형백화점을 겸했고, 시민회관은 리모델링되어 국제적 수준의 전문 콘서트홀을 갖췄다.

그중 시민회관 맞은편에 눈길을 끄는 건물이 있다. 길쭉한 이층짜리 건물인데 안으로 통하는 출입문이 네 개나 있다. 문 위에는 "○ ○하숙" "□ □하숙" "□ □하숙"이란 작은 간판이 하나씩 달려 있는데, 지금은 비록 허름하나 한참의 세월을 거스르면 꽤 알아주는 건물이었다.

'하숙'이란 방값과 식비를 내고 한 달 이상 숙박하는 것을 말한다. 그러나 이곳은 그것과는 거리가 멀다. 짧게는 한 시간에서 두 시간, 길어봐야 하룻밤을 머물다 가는 값싼 여관으로 보면 된다. 낮에는 문이 닫혀 있지만 어스름한 저녁 무렵이면 집과 방들이 일제히 잠에서 깨어나 붉은 불빛으로 기지개를 켠다.

집안에는 대여섯 명의 여자들이 기거한다. 늦은 밤에 잠을 청하는 사람들에게 적은 금액으로 방을 내어 주기도 하지만 그녀들은 아주 색다른 것을 판다. 인체에서 가장 깊숙하고 은밀한 곳을 제공하고 돈을 받는다. 한때는 이십 대에서 오십 대까지 다양한 연령대가 있었지만, 지금은 주로 오십 대와 육십 대 여자들이 명맥을 유지하고 있다.

지나간 4월이었을까. 대구문협에 볼일이 있어 버스를 타고 문화예술회관 입구에 내린 적이 있었다. 어느 쪽을 택하든 성당 못을 돌아 광장을 지나야만 문협에 도착하는데, 그날은 조금 더 걸어보고 싶은 마음에 왼쪽으로 난 길을 택했다.

지나간 겨울의 흔적에서 벗어난 듯 공원은 매우 따사로웠다. 수목들은 저마다 어린아이 같은 연두색을 벗어던지고 초록 옷으로 갈아입을 채비로 한창이었다. 풋풋한 풀냄새가 그리웠던 것일까, 아니면 한낮의 따사로운 햇살들이 유혹해서일까. 공원의 구석구석에는 부산했다. 노인들이 삼삼오오 돗자리를 깔고 화투판을 벌이기도 하고 술자리를 벌이는 분들도 더러 있었다.

그때 눈앞에 생경한 모습 하나가 들어왔다. 오십 대 후반으로 보이는 여자 한 분이 벤치를 지키고 있는 할아버지에게 접근하는 게 보였다. 여자의 얼굴은 진한 화장으로 이마의 주름이 반 이상 메워졌고 허리에는 '쌕'처럼 보이는 크로스백을 차고 있었다. 그런데 그 모양새가 어딘지 눈에 익은 듯도 했다.

그녀들을 흔히 '박카스' 아줌마들이라고 부른다. 공원에 나와 있는 할아버지와 배회하는 남자들에게 커피와 술, 자양강장제를 판다. 커피와 드링크 등을 내어놓으며 대화를 유도하지만, 주목적은 다른 데 있다. 소주 한 병을 같이 마셔주는 데 오천 원에서 만 원, 다른 목적에는 이만 원에서 오만 원 정도를 받는다고 한다.

세상에는 별의별 직업이 있고 귀천이 없다고들 한다. 그러나 그것은 실상을 모르고 하는 말이다. 남자들을 상대로 성매매를 하는 여성들은 엄청난 냉대와 멸시를 받는다. 자존심을 버리지 않으면 절대로 할 수 없는 일이라 육체적인 병과 정신적인 병을 동시에 앓는다고 한다. 남편도 없이 홀로 아이를 키우며 생활하는 아줌마들도 더러 있지만, 살아있는 목숨을 차마 끊지 못해 하루하루를 어렵게 연명하는 할머니들이 대부분이다.

벌어 놓은 돈도, 부양받을 수 있는 자식도 없는 그녀들이다. 나이 들어 몸이 전부인 그녀들이 할 수 있는 일은 무엇이 있을까. 본래의 역할은 다했다지만 남자들이 원하는 것을 내어 주고 적은 돈을 챙긴다. 그러나 이제는 그마저도 어렵다. 24시간 산뜻하게 열려있는 대형마트와 편의점에 밀려난 구멍가게처럼, 삼사십 대의 여자들에게 밀려나 점점 더 설 자리를 잃어가고 있다.

점심 식사를 마치고 사무실이 있는 시청 네거리로 향한다. 한 갑의 담배를 사기 위해 네거리 남쪽 끝에 있는 구멍가게를 들르기 위해서다. 흔히 작은 점포를 구멍가게라고 부르는데 주로 수입이 적고 생활이 군색한 사람들이 운영하는 가게다. 식음료나 주류, 담배 등을 파는데, 몇십 년 전까지만 해도 그리 많은 돈을 벌진 못해도 한 가족이 근근이 생계를 유지하는 수단이기도 했다. 그러나 이제는 침체 일로를 넘어 폐업 직전이다.

그런데 왜 구멍가게를 볼 때마다 대구역 네거리와 공원의 그녀들이 떠오를까. 민주주의 국가에서 실패한 법률은 딱 두 가지라고 한다. 1919년 미국에서 제정한 금주법과 2004년에 우리나라에서 제정한 '성매매방지법'이다. 그중 성매매방지법은 지금도 논란 중이다. 시행한 지 10년이 넘었지만 근절된 징후는 보이지 않고 오히려 더욱 음성화되어 부작용이 속출한다. 그중 하나가 변종된 방법으로 공원에서 노인들을 상대로 하는 성매매 행위다.

그녀들이 요원하는 봄은 과연 오기나 할 것인가. 그것을 반증이라도 하듯 거리에는 새로운 여자들이 나타났다. 조용히 나타나 가벼운 스킨십과 말벗을 대신해주며 돈을 챙기는 여자들로 일명 '올빼미 아줌마'라 부른다. 우리 사회가 만들어 낸 어두운 자화상의 하나로, 지속된 단속에 성매매가 어려워지자 새로이 생겨난 직종인 셈이다.

신호등에 막힌 네거리에 대기하노라면 주변으로 빈 점포들이 흔하다. 최고 번화가는 아닐지라도 명색이 광역시청 주변인 데 오래된 건물과 집이라는 이유로 아무런 호구책이 될 수 없는 현실이 슬프기만 하다. 따뜻한 봄 날씨가 연신 그리워지는 이유이기도 하지만, 자꾸만 인생이 허무해지는 건 어쩔 수가 없다.

• 복사꽃 피는 계절이면

초등학교에 갓 입학했을 때다. 같은 반에 '연남'이라는 여자아이가 있었다. 그리 예쁜 얼굴은 아니어도 지금까지 기억이 나는 건 그 아이의 집이 과수원이어서다. 그것도 내가 제일 좋아하는 복숭아, 엄마를 졸라 쌀 한 되와 보리 두어 되로 바꿔 먹을 수 있었는데도 왜 볼 때마다 자꾸 허기가 졌을까.

동네 강가에 그 아이의 집이 있었다. 멱을 감으러 나가거나 물놀이를 갈 때마다 탐스럽고 빨갛게 익은 복숭아는 나의 마음을 송두리째 쥐고 흔들었다. 그것이 비단 나 혼자만의 생각은 아니었던지 어느 날 동네 형들이 복숭아 서리를 제의했다.

초등학생이라지만 알 건 다 안다. 어디서 보고 들은 건 있었는지 계획도 나름 완벽하게 짰다. 물론 형들은 시키기만 하고 행동에 나서는 건 저학년인 우리다. 세 명이 한 조였다, 한 명이 높은 곳에서 망을 보면 나와 또 한 명의 친구가 울타리를 넘어 복숭아를 따러 들어가는 것이다.

가슴이 마구 쿵쾅거렸다. 과수원 안으로 들어서자 심장 소리는 더욱더 커져만 갔고 손에는 땀이 흥건했다. 나름 괜찮아 보였던 계획도 복숭아를 따면서부터 꼬여갔다. 복숭아를 따도 담을 데가 없어 왼손으로 상의의 아래쪽을 잡고 그 안에 전부 집어넣었다. 그러나 그것도 잠시, 울타리 쪽에서 다급한 목소리가 들렸다.

"토께이!!"

'토께이'는 경상도 사투리로 토끼를 말한다. 우리가 사전에 정했던 암호로 주인이 나타났으니 토끼처럼 잽싸게 도망치라는 신호였다. 앞뒤 따질 것 없이 울타리를 넘어 강가로 냅다 뛰었다. "서라!"는 큰 목소리가 마치 저승사자처럼 들렸지만 그대로 멈출 수도 애써 딴 복숭아를 버리고 뛸 수도 없었다.

달리기 하나만은 우리 반에서 제일이었는데도 연남이 아버지를 당할 순 없었다. 오금이 저리고 발이 저려서인지 돌부리에 걸려 그만 넘어지고 말았다. 득달같이 달려온 연남이 아버지는 나의 고무신 두 짝을 벗겨 들더니, 그것으로 내 빰을 두 차례 사정없이 갈기고는 다시 친구를 쫓아갔다.

그날 친구와 나는 서럽게 울었다. 얻어맞은 뺨이 아파서가 아니라 빼앗긴 고무신을 어떻게 찾아야 할지 너무 막막해서였다. 그런데 마침 강가에 소꼴을 하러 왔던 큰집의 둘째 조카가 신발을 찾아다 주었다. 나보다 열다섯 살이나 더 많아 평소에 나를 마치 친동생처럼 대하곤 했었다.

복숭아에 얽힌 가장 잊히지 않는 이야기기가 있다. 초등학교 5학년 때다. 여름이면 교탁 위에는 늘 먹음직한 과일들이 쟁반에 가득했는데, 학부모들이 선생님 드시라고 학교로 과일을 많이 보내와서였다. 그중에 가장 많았던 과일이 복숭아, 수박과 참외도 제철이었지만 아이들이 들고 다니기에는 너무 무거웠고 칼로 깎아 먹어야 하는 번거로움이 있었다.

그러나 우리에겐 언감생심이었다. 볼 때마다 군침만 흘렸을 뿐 좀처럼 먹을 기회가 오지 않았다. 그러던 중 뜻하지 않은 사건이 생겼다. 내가 장난삼아 던진 돌에 한 여학생이 머리를 맞아 피를 흘렸고 단체로 벌서게 되었다. 매를 쥔 선생님은 "지금까지 잘못한 일은 모두 다 용서할 테니 하나도 빠짐없이 다 적어 내라."며 반 아이들을 윽박질렀다.

친구들이 줄줄이 불려 나갔다. 나도 그 속에 포함되었다. 잘못은 두 가지, 선생님 몰래 담배를 피웠고 복숭아를 가져오지 않으면 때려죽인다고 말했다는 것이다. 호기심으로 친구들과 담배를 피워본 적은 있지만, 복숭아를 가져오지 않으면 "때려죽인다."

고 말했던 기억은 전혀 없었다. 그러나 누가 적었는지 알 수가 있었다. 그때 우리 반에서 복숭아 과수원을 하는 친구는 한 명뿐이었다.

불려 나갔던 우리는 두 손을 들고 교실 바닥에 무릎을 꿇었다. 담배에 불을 붙인 선생님은 입에 한 개비씩 물려주었는데, 담배를 피운 적이 없는 것처럼 마른기침을 해댔지만 소용이 없었다. 그런데 벌을 주고 난 다음 선생님은 교탁 위의 복숭아를 다 가져오게 하더니 우리 보고 전부 다 먹으라는 것이었다.

복숭아의 홍조는 언제나 보기가 좋다. 어린 처녀의 젖가슴처럼 알맞은 크기라 손안에 쏙 들어오고 뽀얀 살결과 부드러운 솜털까지 있어 묘한 흥분이 일기도 한다. 거기다 은은한 향이 코끝을 스치면 달콤함이 입안에 저절로 고이고 설렘처럼 침이 꼴깍거려지기도 했다.

건강을 챙기는 나이가 되고서야 복숭아에 대해 제대로 알게 되었다. 동양의 선약이라 불릴 만큼 그 효능이 만병통치약이다. 풍부한 비타민에 유기산 성분이 심장병과 동맥경화를 예방하고 피부를 맑게 하고 촉촉하게 만드는 미백 효과까지 있다고 한다. 또 피곤하거나 스트레스를 받을 때 한 개만 먹으면 컨디션이 금방 회복된다니 세상에 이보다 더 좋은 과일이 어디 있으랴.

그러나 그게 다 무슨 소용일까. 그저께 날아온 한 통의 문자가 모든 것을 다 엉망으로 만들어 버렸다.

"사랑하는 친구, 영면(永眠)에 들다. 삼가 고인의 명복을 빕니다!"

전혀 예상치 못한 부고였다. 약간의 뻐드렁니에 공부를 잘했던 그 친구는 모범생으로 나와 같이 초등학교와 중학교를 같이 다녔었다. '복숭아를 가져오지 않으면 때려죽인다고 말했다.'면서 선생님께 나를 고자질하기도 했다. 과수원집 외동아들이라 어릴 때부터 복숭아를 원 없이 먹었을 텐데, 왜 오십 대도 다 채우지 못했는지 참으로 아이러니다.

복숭아를 많이 먹어본 사람은 안다. 먹을수록 배는 점점 불러지지만 속에서는 자꾸 허기증이 인다는 것을. 마치 사람이 나이를 먹으면 먹을수록 주름살은 더 늘어나는데 마음은 점점 더 적적해지는 것처럼 말이다.

그동안 이런저런 핑계로 초등학교 동창회에 참석하지 못했다. 그렇지만 올해는 무슨 일이 있더라도 꼭 참석하기로 마음을 먹는다. 아무리 좋은 과일과 보약일지라도 영원히 건강을 책임져 주지도, 긴 수명을 담보해 주지도 않는다는 걸 알아서일 것이다.

복사꽃 화사하게 피어나는 계절이면 그리운 얼굴들이 많다. 지나간 선생님도 그중의 한 분이다. 그런데 그때 선생님은 왜 담배 피우는 벌을 주고서 우리에게 복숭아를 먹게 하였던 것일까. 아무리 가르치고 기르기 위한 체벌이었다지만 어린 제자의 입에 담배를 물렸던 미안한 마음 때문일까. 그것도 아니라면 복숭아에는 해독의 약리 작용이 있어 니코틴 제거에 아주 효과적이란 걸 알았던 것일까.

• 부처님 오시는 날에

전국의 산문이 일제히 열리는 날이다. 그러나 올해는 그 어느 때보다도 착잡하다. 거기에 가장 큰 일조를 했던 건 얼마 전 방영된 TV 방송국의 시사 고발 프로다. 방송 후 대중들은 큰 충격에 빠졌고 스님들에 대한 시선들이 싸늘하게 식어 버렸다.

내로라하는 큰스님들의 민낯이 다양하다. 숨겨둔 처자식에, 도박에, 성추행과 성폭력에 막장의 드라마가 따로 없다. 그것만으로도 부족했던지 조폭 영화에서나 나올 법한 일들도 일어났다. 승적을 박탈당하고 정신병원을 오가며 폐인 생활을 하는 한 스님은, 그들의 비리를 폭로하려다 호법부의 승려들에게 집단으로 폭행과 납치를 당했다. 백주의 대낮, 그것도 경찰이 지켜보는 도심

한가운데서 벌어진 일이라 머리가 저절로 쭈뼛해진다.

불과 이틀 전에 있었던 일이다. 일요일이라 여느 때처럼 사람들을 인솔해 등산에 나섰다. 그런데 등산을 시작한 지 한 시간쯤 휴대전화가 계속 울려댔다. 발신자를 확인해보니 우리가 타고 온 관광버스 기사였다. 누구보다도 우리의 사정을 잘 알고 있을 기사가 전화를 걸었다는 건 그만큼 촉박한 일이 벌어졌음이다.

"지 대장, 큰일났어. 봉암사 스님들이 지 대장을 잡는다고 산으로 올라갔다고 하네."

사태가 걷잡을 수 없도록 심각해졌다. 거기에 동요되었는지 일부 참석자들은 꼭 이렇게 무리하게 등산을 해야 하느냐고 불만을 토로했다. 그러나 나는 모든 것을 책임질 테니 무조건 산행을 계속하자고 독려할 수밖에 없었다.

희양산이 어떤 곳인가. 문경에 있는 명산으로 백두대간 종주자와 등산객들에게 가장 무서운 산행 대상지가 아닌가. 1982년 대한불교 조계종에서 봉암사를 특별 수행처로 지정하면서 백두대간 희양산 주변의 모든 등산로를 폐쇄해 버렸다. 거기다 일반인의 출입마저 통제하면서 지키는 스님들과 끊임없는 마찰을 빚었다.

우리가 오르는 남릉도 마찬가지다. 전국에서 가장 위험한 등산로로 암릉 산행을 즐기는 등산객이라면 누구나 다 좋아하는 코스지만 스님들의 단속이 심했다. 그러나 산자락에서부터 정상까지 거대한 한 덩어리의 바위로 되어 있고, 전방으로 보이는 삼면의 바위 봉들이 가파르게 솟은 직각의 바위 절벽이라 난공불락의 요새처럼 보이기도 해 꼭 한번은 도전해보고 싶은 그런 능선이었다.

전화를 받고 나니 한 시간 전의 상황이 떠올랐다. 희양산 남릉을 오르기 위해서 반드시 거쳐야 하는 곳이 홍문정 마을, 그런데 그곳에서 두 사람이 길을 막아섰다. 이쪽으로 절대 등산할 수 없으니 되돌아가라는 것이었다. 그들은 막무가내, 관광버스를 대여해 여기까지 왔음을 누구보다도 더 잘 알고 있으면서도 그런 상황은 전혀 고려해 주지 않았다.

우리도 돌아갈 수 없다고 응대했다. 산림청의 공무원인 양 행세를 한 그들의 꼬락서니도 보기 싫었고, 주 등산로가 절 사유지의 일부인데도 입산하면 바로 신고하겠다는 그들의 협박이 오히려 나의 오기를 더 자극하였는지도 모른다.

하늘을 찌를 듯 소나무 숲이 장관을 이루고, 하얀 암벽들이 병풍처럼 둘러쳐 봉황이 날개를 펼치며 구름을 치고 올라가는 모양새라지만 그것이 다 무슨 소용일까. 마음이 불편하니 아무리 좋은 경치도 눈에 들어오고 가슴에 와닿지 않는다. 그때 기사에게서 전화가 왔다. 그들의 신고로 지구대 경찰관이 출동했고 시청의 공무원들까지 곧 도착한다는 것이다. 출동한 경찰관은 "○○파출소 장○○경위입니다. 그쪽은 절 사유지라 입산할 수 없으니 지금 당장 내려오세요."라고 한다. 그러나 나는 거절했다. 산불 조심

기간도 끝났고 마을 입구 안내판에는 "산에서 산나물이나 약초를 채취하면 안 된다."는 경고문만 적혀 있었을 뿐 입산하지 말라는 내용은 없었다고 강변했다.

두 시간여 등산 끝에 희양산 정상에 도착했다. 산정에는 이미 우리 외에도 수많은 등산객이 북적였다. 시도 때도 없이 토했던 거칠고 불규칙했던 숨결들도 어느새 잠잠해졌고, 스무 개가 넘는 밧줄을 부여잡고 바위 절벽을 기어오르느라 온몸의 힘이 다 고갈되었어도 우려했던 불상사가 일어나지 않아 그나마 다행이었다.

누군가가 말했었다. 머리 모양이 똑같은 조폭과 스님들의 경계는 입고 있는 옷 한 벌의 차이밖에 없다고. 그런 까까머리들이 우리와는 이십여 분 차이로 정상에 올라왔다. 목숨까지 걸어야 오를 수 있는 그 위험한 남릉을 통해서였다. 등산 초보에 산행 속도마저 느렸으면 나는 어떻게 되었을까. 일 미터 구십 센티가 넘는 거구들이라 옆에 서 있는 것만으로도 저절로 현기증이 났다.

생각보다 많았던 등산객 때문이었을까. 당황해하던 그들은 한참을 서성이다 다시 봉암사로 내려갔다. 산행 일정의 수정이 불가피해졌다. 홍문정 마을에서 남릉을 타고 정상에 오른 후 우측의 안성골을 통해 원점 회귀하려던 계획을 변경할 수밖에 없었다. 관광버스 기사에게 전화해 절의 뒤쪽이자 반대 방향인 충북 괴산의 은티마을로 내려갈 테니 그쪽으로 와달라고 부탁을 했다.

오늘은 부처님 오신 날이다. 이틀만 더 산행을 미뤘다면 아무런 제지 없이 희양산 남릉을 등산하였을지도 모른다. 그렇다고 그날 산행이 후회된다거나 그날의 선택이 잘못되었다고는 생각지 않는다. 일 년에 단 하루뿐이지만 봉암사도 산문을 열고 참배객을 맞이하고 등산로를 활짝 개방한다. 그렇지만 한꺼번에 몰려드는 수많은 사람으로 인해 해마다 큰 교통 혼잡이 벌어지곤 하는데 올해도 마찬가지란다.

이제는 누가 누구를 깨우치고 이끌어 줄 수가 있을까. 희양산 산릉에 초소가 세워지고 나무장벽과 철조망이 설치된 지 벌써 35년이다. 등산객들이 내는 소리에 스님들의 수행이 방해된다고 산문을 걸어 잠그더니 정작 깨달음을 얻었어야 할 큰스님들은 오히려 세속의 온갖 유혹들이 더 그리웠는가 보다.

그런데 내가 우울해하는 진짜 이유는 다른 데 있다. 그날 희양산 정상으로 스님들이 나를 잡으러 왔을 때 나의 핸드폰은 내내 꺼져 있었다. 나는 무엇이 그토록 두려워 꼬리를 내리고 모르는 척하였던 것일까.

• 마음을 빼앗는 도둑

집으로 날아온 편지에 보낸 사람의 이름도 주소도 없었다. 편지지 다섯 장 모두 한가운데에 단 한 줄로 똑같은 내용이 적혀 있었다.

"널 죽을 때까지 저주할 거야."

지은 죄가 있어서일까. 누가 보냈는지 금방 알 수가 있었다.

중학교 졸업 후 첫 여름방학 때였다. 초등학교 동창회가 모교에서 열렸다. 오랜만에 만난 친구들이라 저녁 늦게까지 모임이 이어졌다.

"친구야! 여기서부터는 혼자 들어가!"

"아니, 이렇게 깜깜한데 어떻게 혼자 들어가? 집 앞까지 데려다줘."

칠흑 같은 밤이라 여자 혼자 들어가기에는 다소 무리일 수 있다. 그러나 원하는 것을 얻기 위해선 어쩔 수 없다. 얼굴조차 제대로 보이지 않아 다행이지 얼굴이라도 보였으면 언감생심이다.

"음…, 그럼 바래다주는 대신 조건이 있어."

"조건? 그게 뭔데??"

"딱 한 번만 키스해 주면 무조건 집까지 데려다줄게." 순간 그녀는 말문이 막히는지 한동안 말이 없었다. 그리고 한참 후 겨우 모기만 한 목소리로 말했다.

"딱 한 번 만이지?"

"응."

그러나 그 약속은 지켜지지 않았다. 두 번이나 더 억지를 부리고서야 겨우 끝이 났다.

흔히 세월이 흘러갈수록 사라지는 것이 기억이라고 한다. 그러나 사십여 년의 긴 세월을 흘려보냈어도 지워지지 않는 것도 있다. 아니 오히려 더욱더 생생하게 내 뇌리에 살아 꿈틀거렸는지도 모른다. 그건 아마도 나에 대한 실망감과 그녀에 대한 미안함이 교차되어 그런 것인지도 모른다.

오늘은 전남 순천의 벌교로 등산을 떠났던 날이었다. 제석산 산행을 마치고 태백산맥 문학관으로 하산을 하였는데 갑자기 비가 내렸다. 그러자 회색빛이던 날씨가 금방 깜깜해져 버렸고 오랫동안 잊히지 않았던 그 날의 일이 문득 떠올랐다. 며칠 전 알아낸 그녀의 전화번호 탓이기도 하지만 약간의 술기운이 더해져 그런 것인지도 모른다.

"오랜만이네. 잘 지내지?"

그날 이후 처음으로 용기를 내 그녀에게 보내는 연락이었다. 그러나 깜깜한 밤, 축축하게 내리는 빗속으로 보낸 문자라 그럴까. 기다리는 답장은 쉬이 오지 않았다. 십 분, 이십 분, 그렇게 시간은 흘러갔고 급기야 한 시간이 지나갔다.

"띵 똥!!"

드디어 내가 기다리는 답장이 도착한 모양이다. 발신 번호에 보이는 선명한 그녀의 이름과 전화번호가 그것을 증명했다.

"어… 누구??"

순간 왜 그렇게 긴장이 될까. 문자를 입력하는 데 손가락이 미미하게 떨렸다.

"초등학교와 중학교를 같이 다녔어. 너희 동네 앞쪽에 살았고."

순간 무엇에 놀라기라도 한 듯 핸드폰이 갑자기 잠잠해져 버렸다. 그리고 한참 후 겨우 답례 문자가 도착했다.

"아… 그래."

"소식이 무척 궁금했는데 어렵게 네 연락처를 알았어."

"??"

"세월이 참 많이도 흘렀네. 철없는 고등학교 때라지만 그땐 정말 미안했어."

다시 한번 휴대전화가 잠잠해졌고 더이상 문자가 오지 않을 것 같았다. 그러나 뜻밖에도 전혀 예상치 못한 문자가 왔다.

"음…, 장해! 그리고 너무 잘 자라줘서 고마워"

순간 오래된 체증이 내려간 듯 가슴속이 시원해졌다. 반백에 가까운 긴 세월을 흘려보내고서야 겨우 털어낸 찜찜함이었다. 그동안 친구들을 통해 가끔 내 소식을 듣고 있었다는 그녀의 문자가 나를 조금은 더 안도하게 했다. 어쭙잖게 쓴 글로 신문에다 연재하고 수필로 등단을 했던 것이 그녀에게 면죄부를 받아낸 것인지도 모른다.

요즘은 가장 보편화된 것이 키스라고 한다. 그래서인지 은밀한 방이나 야한 영화에서나 가능했던 행위들이 길거리에서 넘쳐난다. 영화관이나 카페, 도심의 벤치와 사람들이 주로 이용하는 대중교통도 가리지 않는다. 혹자는 그것이 외국에서 들어온 자극적인 영화와 드라마 탓으로 돌리기도 하지만 분명한 건 하루가 다르게 성이 무섭도록 개방되고 있다는 것이다.

처음엔 그런 모습들이 무척 낯설었다. 남의 눈을 전혀 의식하지 않는 젊은이들에게 반감이 일었던 것도 사실이다. 그런데 어느 순간부터 저절로 이해하게 되었다. 지나간 일들을 되짚어보고 끄집어내면 나 자신도 결코 자유로울 수가 없어서일 것이다. 아니

솔직히 말하면 좀더 빨리 이런 시절이 오지 않았음에 대한 조금의 부러움과 질시가 깔려 있었는지도 모른다.

이성의 마음을 빼앗는 데 가장 힘세고 위대한 도둑이 키스라고 한다. 그러나 그와는 반대로 경계의 목소리도 적지 않다. 남녀가 십 초 동안 키스를 나누는데 수억 마리의 세균이 공유되고 달콤한 키스는 상대방의 당뇨를 의심해봐야 한다고도 한다. 하지만 아무려면 어떤가. 마음에 드는 이성의 마음을 훔칠 수만 있다면 그 무엇인들 망설일 수 있을까.

그런데 지나간 일을 용서받았다고 해서 모든 것이 다 없어지진 않는 모양이다. 지금도 나와의 만남을 거부하는 그녀의 망설임이 혹 그것을 반증하고 있는 것은 아닐까. 그래서인지 세월이 흘러갈수록 자꾸만 의문이 든다. 어린 나이였다고는 하나 그날의 키스가, 정말 그녀에게는 죽을 때까지 저주해야 할 만큼 끔찍하였던 것은 혹 아니었을까.

• 청량산 축융봉

산의 풍경이 달라졌다. 진한 머리숱처럼 나무가 우거지고 숲은 짙어졌지만, 노령의 나무들은 점점 사라지고 있다. 가장 급격하게 줄어드는 수종은 소나무, 그것도 수령 80년이 넘는 노송들이 대부분이다. 그래서인지 측은한 산봉우리 하나 자꾸만 마음에 걸린다.

청량산에 가면 '축융(祝融)'이라는 봉우리가 있다. 육육봉으로 불리는 열두 개 봉우리 중 하나로 신선들도 경탄해 마지않는다는 특출한 기암 봉들을 일시에 조망하는 맛이 일품이다. 예로부터 수많은 학자와 승려, 관리들이 찾아들어 칭송한 곳이기도 하다.

한여름에도 서늘한 바람이 나오는 풍혈을 지나면 본격적인 산길이다. 주변 군데군데에 바위들이 꿈틀거리더니 커다란 돌로 단단하게 석축을 쌓은 성이 앞길을 가로막는다. 산사태도 비켜갈 정도로 견고한 청량산성이다. 고려 때 십만 대군의 홍건적들이 쳐들어오자 공민왕은 여기까지 내려와 피신했다. 그 후 나라가 바뀌고 한 차례 더 개축이 있었다고도 한다. 십육 킬로의 길이에 말 다섯 필이 동시에 다닐 수 있어 '오마대도(五馬大道)'라 불렀다는 기록도 있었다.

성벽 위를 걸으면서 오르는 길이 만만찮다. 작은 배낭을 메고 오르는 것만으로도 숨이 차는데 성을 쌓는 데 동원된 사람들은 얼마나 힘이 들었을까. 그들이 겪었을 고충을 생각하면 석축 위를 걸어 산정을 오르는 것이 마냥 즐겁진 않다. 육백여 년의 세월을 거슬러 오르면 지금 이마에서 뚝뚝 떨어지는 땀방울들이 피눈물일지도 모를 터, 산성이 큰 것만큼 마음도 덩달아 더 무거워지고 심란해진다.

오름으로 이어지던 성벽이 능선 아래로 휘어지자 너른 공터다. 그 가운데 정자가 세워져 있다. 이름하여 밀성대(密城臺), 청량산에서 최고의 절경이라는 금탑봉을 비롯해 기암절벽으로 형성된 봉우리를 한꺼번에 조망할 수 있는 전망대다. 처음 등산을 시작한 지점이 입석대였고, 우측 산자락 절벽 위로 보였던 축대와 정자가 바로 이곳인 셈이다.

지금까지 경험하지 못한 빼어난 경치의 여흥도 그리 오래지 않다. 밀성대의 유래를 알게 되면서부터다. 봉봉이 얹힌 바위 봉우리와 절벽, 산봉우리가 조화를 이뤄 신선의 세계지만 이 경치가 어느 누군가에게는 도저히 견딜 수 없는 참담한 지옥이었다는 게 믿기지 않는다. 오랜 훈련과 노역에 시달린 군졸과 백성들이 명령을 어기거나 달아나면 이곳 절벽 위에다 세워놓고 밀어서 처형을 했다고 한다.

억울하게 죽은 인명이 없었을 리 만무하다. 훈련과 노역에 희생된 수많은 원혼이 구천과 이승을 떠돌다가 오랜 세월 속의 두께로 스며들었고 그것이 한기가 되어 지금 풍혈로 새어 나오고 있는지도 모른다. 그래서인지 건너편 산허리에는 진혼무(鎭魂舞)를 추듯 구름이 피어올라 바다를 이루고 봉봉이 솟아오른 기암의 절벽들은 층을 이뤄 첩첩이 도열하여 그들의 넋을 위로하고 있는 듯 보인다.

축융봉 정상에 오르니 사면팔방이 훤하다. 애써 힘들게 올랐던 성벽과 오름길이 보람으로 다가선다. 외세의 숱한 침략을 이겨내고 이룩한 오늘날의 모습처럼 보인다고나 할까. 바람이 불자 푸르른 수목들이 일시에 일렁이고 출렁거려 상상 그 이상의 풍경으로 살아 꿈틀한다. 이런 경치가 사시사철 수목의 빛깔에 맞춰 옷을 갈아입는다고 생각하니 신라의 명필 김생과 고운 최치원, 원효대사가 왜 이곳으로 흘러들었는지 짐작이 갈 만하다. 퇴계 이황과 백발의 주세붕도 마찬가지 이유일 것이다.

그러나 절정의 언저리에는 드러나지 않는 아픔이 있기 마련이다. 그것을 확인하고 살펴보라는 안배가 내림길 등산로에 숨겨져 있었다. 아름드리 노송들이 썩어 널브러졌고 살아있는 노송들 대부분은 수피가 반 이상 도려내어지고 등이 굽은 채 불구처럼 서 있다. 얼마나 가슴이 애련한지 들떴던 마음이 일순간에 사라지고 만다.

노송들은 살아있다는 게 기적이다. 얼마나 넓게 도려지고 깊게 파였는지 도저히 가려지지도 아물지도 않을 커다란 상처들이 맨몸처럼 드러나 있다. 칠십여 년이 넘는 세월 동안 아물려고 애쓴 나무의 노력이 허사가 된 것 같아 더 가슴이 아리다. 잔혹한 상흔들은 송진 채취의 자국들, 2차 대전이 막바지로 치닫던 일제강점기에 부족한 연료를 확보하기 위해 일본인들이 저지른 무차별적인 난도질의 흔적이었다.

노송들을 살펴보노라면 점점 잊히고 있는 한 무리의 여자들이 떠오른다. 끌려간 인원만 무려 4만여 명, 지금은 대부분 돌아가시고 살아계신 분들은 수십여 명에 불과하다. 약육강식은 국가 간에도 존재해 나라를 빼앗기면 가장 먼저 고통을 받는 건 여자들이다. 강제로 머나먼 이국땅에 끌려가 열거하기 어려울 정도로 크나큰 고초를 당한 위안부들의 사례가 그것을 충분히 증명하고도 남는다.

처음 청량산에 들 때는 단정하고 엄숙한 산이라는 미명에 홀렸다. 그러나 축융봉을 오르면서 기가 막힌 선경 뒤에 가려진 애절한 슬픔과 뼈저린 교훈을 알게 되었다고나 할까. 길게 이어진 산성과 오름길이 우리의 오랜 역사라면 정상에서 맛보는 절정의 조망과 풍치는 현재 우리가 누리는 혜택이고, 내림길의 노송은 우리가 절대 잊지 말아야 할 근대사의 가장 어두운 그림자일지도 모른다.

살아있는 유산 축융봉 노송들이 곧 사라질 위기다. 수령이 많은 탓도 있겠지만 무분별한 개발과 산업화의 후유증으로 인한 지구 온난화와 무관심이 원인이다. 새벽녘 화롯불처럼 노송들의 수명이 하루하루 사그라지고 있다고 생각하니 괜히 마음이 조급해지고 초조해진다. 덩달아 가슴도 먹먹해진다.

손에 꼽을 정도로 살아있는 그 노송들을 언제까지 볼 수 있을까. 다가올 봄이 기다려지다가도 자꾸만 무서워지는 것은 단순히 나이를 먹어간다는 이유 때문만은 아닐 것이다. 오늘 유난히 축융봉의 소나무들이 눈에 밟힌다. 아직도 청산되지 못한 일제의 잔재와 위안부 문제 때문이기도 하다. 이제 겨우 오십여 명에 불과한 그녀들이 내년에는 과연 몇 분이나 살아 계실까.

• 미증유의 역습

꼭 한 번은 가보고 싶었던 섬이다. 서해 최남단에 자리해 가거도 또는 소흑산도라 불린다, 중국에서 닭 우는 소리가 들린다는 곳으로 목포에서는 배로 네 시간 삼십여 분, 대구에서는 여덟 시간 이상이 소요되는 여행지다.

자정을 조금 넘긴 시각에 잠자리에서 일어났다. 장시간의 운전이 부담이라 단 몇 시간이라도 자보려 했으나 소득이 별로다. 겨우 한 시간 정도 설핏 잠이 들었을 뿐이다. 새벽이라기보다 한밤중이 더 가까운 두 시에 대구를 출발하여 목포로 향했다.

8시 10분, 목포여객터미널에서 배가 출항했다. '코로나19' 사태의 영향으로 주말인데도 배가 한산했다. 봄나들이 철이라 일

년 전이었다면 예약 자체가 어려웠을지도 모르는데, 정원의 십분의 일도 되지 않는다. 그것도 하루에 두 번씩 운행하던 배가 한 번으로 줄었는데도 말이다.

가거도에 도착하니 11시 30분, 예정된 시간보다 한 시간 정도가 빨랐다. 승선 인원이 적어 중간 기착지에 머무는 시간이 줄어들어 그런 것인지도 모른다. 파도가 잔잔해 멀미가 심하지 않았지만 우려했던 일이 벌어졌다. 열흘 전부터 내내 오락가락했던 일기예보가 말썽을 부린 것이다. 비가 오지 않는 날을 선택했지만, 출발일을 삼 일 앞두고 날씨 예보가 변동되었다. 맑다던 날씨가 흐려지고, 가끔 흐리다던 날씨가 비가 부슬부슬 내리고 있었다.

오후 일정을 서두르기로 했다. 기상이변이 잦은 섬에다 비까지 내리는 날씨라 불안해서다. 산의 허리춤까지 자욱했던 안개가 점점 더 아래쪽으로 내려온 듯 보였다. 올라야 할 독실산은 숙소가 자리한 마을에서 두 시간 정도가 걸린다. 그러나 조망이 불투명한 날씨라 정상 바로 아래까지 트럭을 타고 오르기로 했다.

가거도 독실산은 높이가 639m다. 웬만한 섬 산보다 두 배 정도의 높이를 자랑한다. 목포를 포함한 신안군 내 829개의 섬뿐 아니라 서해상 섬을 통틀어 가장 해발이 높다. 한때는 군사기밀이란 이유로 일반인의 출입이 제한되었으나 최근에는 완전히 개방되었다. 정상 밑 군인초소에서 입산 신고만 하면 바로 오를 수가 있는 것이다.

초소에서 정상까지는 5분여 거리다. 이 먼 곳까지 언제 또다시 올 수 있으랴. 간단히 인증사진이라도 남겨야 하는데 비바람이 장난이 아니다. 모두 일회용 하얀 비닐 옷으로 온몸을 감쌌지만 잠시도 서 있기 힘들 정도로 비바람과 안개가 거세다. 가시거리도 얼마 되지 않아, 맑은 날이라면 사위가 탁 트여 망망대해가 끝없이 펼쳐져 제주도까지 보인다는 전망대도 그냥 지나쳐야만 했다.

등산로 변경이 불가피했다. 두 시간 이상 걸리는 '백년등대'를 거쳐 항리마을로 돌아 내려가는 대신, 전망대 갈림길을 지나 바로 항리로 내려가는 지름길을 택했다. 그나마 다행인 것은 절해고도 독실산을 찾아오는 등산객을 배려했음인지 등산로 좌우에 긴 줄을 연결해 길을 헤매지 않도록 이해를 도왔다는 것이다. 줄 위에는 집 없는 달팽이처럼 보이는 물체가 비를 맞으며 다닥다닥 붙어 있는 게 신기하게 보였다.

숲속으로 들어서니 언제 그랬느냐는 듯 비바람이 잠잠해진다. 원시림을 방불케 하는 숲속이라 그런지 바깥의 온갖 소음들이 전부 다 차단되는 느낌이다. 단순히 사진으로 본다면 누구라도 오해할 만한 몽환적인 분위기가 곳곳에 펼쳐졌다. 물기를 머금고 활짝 피어난 동백꽃과 떨어진 동백꽃들이 환상적인 분위기를 조성해 몇몇 사람들은 악천후도 잊어버린 채 사진 찍기에 여념이 없었다.

송년 우체통이 있는 항리에 내려서니 또다시 비바람이다. 가거도 최고의 절경인 섬등반도와 영화 〈극락도 살인사건〉의 촬영 장소라는 의미도 무색해졌다. 작은 돌과 모래까지 뒤섞인 세찬 비바람에 눈을 뜰 수도 몸을 가누기조차도 어려웠다. 부득이 숙소에 연락해 섬의 유일한 이동 수단인 더블캡 트럭을 다시 호출키로 했다.

차가 도착할 때까지 낮은 돌담과 화장실 벽에 기대어 바람을 피할 수밖에 없었다. 그때 일행 중 여자분의 발목에 뭔가 검은 물체가 붙어있는 게 보였다. 자세히 살펴보니 피를 빨아 먹고 산다는 산거머리였다. 주로 열대 정글에서 발견이 되곤 하는데, 몇 해 전 우리나라 독실산에서도 발견이 되었다고 한다. 지나가는 사람이나 동물로 인한 미세한 온도변화와 공기의 움직임, 진동 등을 감지해 순간적으로 접근해 피를 빨아먹는다고 알려져 있다. 흡혈할 때는 마취 성분을 분비해 피를 빨리는 사람과 동물은 전혀 통증을 느끼지 못한다고 한다. 산거머리가 분비한 항응고제는 거머리가 떨어져 나간 뒤에도 계속 피를 흘러내리게 한다니 여간 섬뜩한 게 아니다. 조금 전 등산로 줄 위에 붙어있었던 건 달팽이가 아니라 바로 열대성 산거머리였다.

늦은 밤, 한 장의 사진이 단체 카톡에 올라왔다. 가거도 행사에 참석한 일행이 올린 사진으로 제목이 '코로나 방역 질병 본부장'이다. 그 사진을 보면서 한참이나 웃었는데, 하얀 방역 복장처럼 보이는 비닐 우의를 입은 십여 명의 일행들 속에 내가 있었다. 유일하게 하얀 비닐 우의 대신 푸르른 바람막이용 윈드 자켓을 입었더니 그 모습이 마치 코로나 사태를 진두지휘하는 질병본부장처럼 보였던 모양이다.

미증유의 사태가 연이어지는 요즈음이다. 재난소설이나 영화에서나 보았을 법한 바이러스가 창궐하고, 열대우림기후의 축축한 환경에서 지나가는 먹이를 노리는 산거머리가 우리나라에도 출현했다. 보통 장마철에 나타나 9월 중순까지 활동하다 휴면에 들어간다는데 올해는 5월의 초순인데도 벌써 왕성히 활동 중이라 여간 놀라운 게 아니다. 그것이 지구온난화의 영향이든 환경파괴의 영향이든 그 후유증은 고스란히 우리 인간들이 져야 할 몫이니 그것이 문제다. 숙소에 도착해 따뜻한 물로 샤워를 했는데 몸에 붙어있는 산거머리를 떼어낸 사람들이 여러 명이었다.

이튿날, 가거도를 떠나는 점심나절까지 운무는 계속 이어졌다. 조망다운 조망을 즐기며 제대로 걸어보는 여행은 불가능했다. 그러고 보니 이번 가거도 여행은 한 치 앞도 내다보기 어려웠던 코로나19 사태의 연장선처럼 내내 답답하기만 했다. 그래도 한 가지 위안이었던 것은 서해상 최고봉 독실산을 오를 수 있었고, 비가 서서히 그치면서 파도가 꿈결처럼 잔잔해지고 있었다는 사실이다.

제2부 (질 보겠습니다)

그녀 몰래 찍은 사진 / 모로 가도 / 반드시 잡는다 / 반전

액땜 / 야고 / 어떤 의도 / 오진 / 위층 남자 / 질 보겠습니다

• 그녀 몰래 찍은 사진

그녀의 어깨가 들썩였다. 소리내어 울지도 슬픔을 표현하기도 어려운가 보다. 가볍게 등을 두드려주었지만 위로가 되지 못함을 안다. 붉게 상기된 얼굴 위로 눈물자국이 번졌고 축축하게 젖은 눈빛으로 도움을 요청했지만 아무런 방도가 없음이 그저 안타까울 뿐이다.

해가 떨어지자 대국의 땅에도 어둠이 밀려왔다. 진한 회색빛들이 일제히 대지 위로 내려앉았고, 서쪽 하늘 아래에는 불그스레한 빛 몇 줄기가 저물어버린 해를 안타까운 듯 대변하고 있었다. 전날 자정이 임박한 시간에 대구를 출발 북경에 도착했다. 세 시간 정도의 비행시간이 더해져서인지 호텔에서의 취침 시간은 더욱 짧아져, 서너 시간의 잠으로 피로를 대체해야만 했다.

오늘 오전 일정은 천안문 광장과 자금성이었다. 워낙 많은 인파가 몰리는 곳이다 보니 정신없이 돌아다녔고, 점심 식사를 마치고 나니 3박 5일의 일정 중 이틀이 벌써 지나가고 있었다. 우리가 여장을 풀어야 할 호텔은 하북성 래원현에 있었다. 내일 돌아볼 예정인 이수호와 백석산이 인접해 있는 작은 도시였다.

취침 시간이 짧았던 탓일까. 아니면 피곤함에서 밀려오는 나른함 때문이었을까. 천하의 항우도 이기지 못한다는 무거운 눈꺼풀에 속수무책일 때 구세주처럼 잠을 깨워준 건 핸드폰 소리였다. 그런데 그녀는 발신자를 확인하고는 수신 거부를 해버린다. 한 번, 두 번, 세 번이나 더 전화가 걸려 왔어도 마찬가지다. 국내에서 걸려 오는 전화를 받으면 발신자에게 국제전화 요금이 발생된다는 걸 알고 있었기 때문이었다.

그때 불현듯 좋지 않은 예감이 머리를 스쳤다. 여행 날짜가 정해지면 떠나기 전부터 마음이 들뜨고 설레기 마련인데 이번 여행은 전혀 그러지 않았다는 그녀의 말이 떠올라서다. 그리고 출발 당일에는 저녁 식사를 준비하다가 손가락까지 다쳤다고 하지 않았던가.

이번 여행은 참으로 우여곡절의 연속이었다. 처음 네 명의 요청으로 갑자기 여행팀을 만들었지만 정작 그 당사자는 항공 발권을 하고 나서 취소해버렸다. 출발일을 며칠 앞두고는 묵어야 할 호텔이 영업을 중단했고, 여행 목적지의 케이블카도 수리를 핑계로 운행이 중단된다는 통보가 있었다. 그리고 아침에 쇼핑센터 방문 기념으로 받았던 옥환(玉環)이 갑자기 바닥에 떨어져 산산조각이 나버리는 불길함도 있었다.

그녀에게 물었다, 조금 전 걸려 왔던 전화가 누구였는지를. 그랬더니 하나뿐인 언니라는 것이다. 어제 출발할 때 핸드폰을 꺼두었고 조금 전에 켰다는 설명도 같이 덧붙였다. 그래서 더욱더 조심스럽게 말을 꺼낼 수밖에 없었다.

"그럴 리 없겠지만 국제전화비가 만만치 않은데 언니가 계속 전화를 걸었다는 건 그만큼 급박한 일이 생기지 않았을까요. 그러니 전화를 한번 받아보는 게 어떨까요."

그녀가 언니와 통화를 시도했다. 처음엔 나지막했으나 대화가 이어질수록 목소리는 점점 더 커졌고 심각해졌다. 급기야는 누군가의 이름을 부르는가 싶더니 자지러졌다. 남동생에게 교통사고가 났다는 것이다. 어제 밤늦게 사고가 있었는데 당사자가 사망하는 바람에 가족들에게 연락이 오는 데 많은 시간이 걸렸다고 한다. 그녀의 나이 이제 오십 대, 남동생이라면 사십 대 후반이거나 막 오십 대로 접어들 나이였다.

그녀는 당장이라도 귀국할 태세였다. 북경 공항까지는 4시간 정도 걸린다고 했지만, 그깟 택시비가 무슨 대수일까. 하지만 현실은 달랐다. 주말이라 항공권이 남아 있을 리 없고, 단체 비자로 입국을 해서 그녀 혼자서는 절대 한국으로 돌아갈 수가 없었다.

여행의 분위기가 일순간에 침울해졌다. 모두 안타깝다는 표정들이 역력했다. 그렇지만 아직 3일간의 일정이 더 남았기에 계속 우울하게 보낼 수는 없었다. 각자 위로의 말을 건네고는 저녁 식사 장소로 이동했다. 그러나 그녀는 충격이 채 가시지 않았는지 식사를 거부하고 누군가와 계속 통화를 시도하고 있었다.

북경보다 훨씬 더 북쪽이라 그랬을까. 그것도 아니라면 밤새도록 가고 싶어도 갈 수 없었던 그녀의 마음이 한이 되어서일까. 10월의 중순인데도 날씨가 마치 초겨울처럼 추웠다. 거기다 뿌연 안개마저 더해져 한기가 뼛속까지 스며들었다.

이수호는 거대한 인공 호수, 웅대한 스케일의 영화 〈적벽대전〉 촬영지다. 그리고 백석산은 해발 이천여 미터에 달하는 바위산으로, 북태항산 줄기에 위치한 중국의 대표적 명산이다. 두 곳 모두 다 탄성을 자아낼 정도의 비경을 자랑하는데, 천 길의 험한 바위 벼랑에 선반처럼 달아낸 길이 아기자기하고 스릴 있어 절대 잊지 못할 아찔한 경험을 선사해 준다. 그러나 그게 다 무슨 소용일까. 그녀에게는 아무런 감흥도 주지 못하는지 혼자서 내내 걷기만 했다.

세상은 참으로 아이러니다. 누구는 슬픔에 빠져 아무것도 눈에 들어오지 않는데, 왜 우리 눈에는 보이는 모두가 다 절경들뿐일까. 나머지 일정을 소화하고 대구 공항에 도착하니 새벽 5시, 그녀는 동생의 시신이 안치된 병원으로 달려갔다. 가족들이 장례식을 하루 더 미루었다는 것이다.

여행에서 얻을 수 있는 가장 좋은 것은 깨달음이다. 이번 여행에서 얻었던 가장 값진 것이 있다면 그것은 가고 싶어도 갈 수 없는 심정이 어떤 것인지를 제대로 알게 되었다는 것이다. 그래서인지 칠십여 년을 넘어선 남북 이산가족의 슬픔이 어떤 것인가를 이번에는 정말 제대로 알게 되었다고나 할까.

중국 여행을 다녀온 지 일주일이 지났다. 나는 그녀에게 세 장의 사진을 보냈다. 그녀 몰래 찍어 두었던 그녀의 사진으로, 이수호와 백석산, 그리고 마지막 여행지였던 백리협에서 찍은 사진이다. 마른하늘 날벼락처럼 갑자기 들이닥친 비보에 그녀가 망연자실해 있을 때, 내가 그녀에게 해줄 수 있는 것이라고는 오직 그것밖에 없었다.

슬픈 일을 당했다고는 하나 그것도 엄연한 해외여행, 기념사진 한두 장쯤은 있어야 할 것 같아서였다.

• 모로 가도…

그날은 주말의 끝날이었다. 낮에는 기온이 제법 오르지만, 저녁이면 선선한 바람이 불어오는 6월이었다. 시간이 흘러 어둠이 제법 무르익어 가던 밤, 아파트 단지에 한바탕 소동이 벌어졌다. 휴일의 막바지, 창문을 열어놓고 새로운 일주일을 준비하기 위해 잠자리에 들었던 여유가 심각하게 침해당한 것이다.

귀를 찢을 듯한 확성기 소리에 아파트 단지가 뒤흔들렸다. 마른하늘의 천둥소리처럼 갑자기 울려 퍼졌던 소음이라 모두가 혼비백산했다. 갓난아기가 경기를 일으킬 정도의 소리가 밤 11까지 삼십 분이나 이어졌다. 한낮 도심의 시위 현장이나 파업 장소에서나 들었을 법한 선동 구호와 노동가를, 늦은 밤 집안에서 강제로 듣게 될 줄은 꿈에도 몰랐다.

소동이 벌어지기 며칠 전이었다. 아파트 단지 앞에 낯선 현수막들이 걸렸다. 주민들의 삶과는 전혀 상관없는 문구들이 난무했다. 입구가 시끄러워지면서 낯선 사람들이 몰려들었고 바리케이드가 쳐졌다. 처음엔 단순히 관리사무소 직원들의 불만이 외부로 표출된 것이라 여겼다. 하지만 검은 머리띠를 두른 사람들과 확성기가 달린 시위용 차량이 등장하면서 거대한 외부 세력이 개입되었다는 걸 알게 되었다.

시위의 목적이 드러났다. 대구시 근처 모 지자체 군수 대행이 우리 아파트 단지에 살고 있다는 것이다. 지자체 공공노조와 단체장이 임금협상을 벌였는데 갑자기 군수가 뇌물수수로 구속이 되고, 군수 대행이 협상을 중단해버리자 그 사람을 협상 테이블에 앉히려고 우리 아파트 주민들을 자극하고 있다는 것이다. 그런데 한 가지 이상한 것이 있었다. 관리사무소에서 전수조사를 해보니 우리 아파트 거주민 명단에는 그런 사람이 아예 없다는 것이다.

우리나라에는 두 개의 거대하고 강력한 노동단체가 있다. 한국노총과 민주노총으로, 그중에서도 민주노총이 훨씬 더 강한 강성 노조로 알려져 있다. 전국의 공공노조 가운데 강원도에 있는 몇 군데를 제외하고는 민주노총에 가입한 경우가 매우 드문데, 대구 경북권에서는 유일하게 인근 지자체의 노조가 민주노총에 가입이 되어 있다고 한다.

아파트 관리소장과 입주민 대표, 구의원이 지역 경찰서에 항의 방문했다. 그런데 경찰서에서도 이번 문제는 해결해 줄 수가 없다고 한다. 민주노총 ○○지부에서 이달 말까지 우리 아파트 단지 앞에서 집회를 열겠다고 사전신고를 마쳐서다. '집회 및 시위에 관한 법률'에 의해 경찰서에서도 일체 간섭을 할 수가 없다는 것이다. 집회와 시위를 보장하고 위법한 시위로부터 국민을 보호하기 위해 제정된 법률이 오히려 주민들의 불편을 방관하게 만드는 결과를 초래하고 말았다.

그렇다고 무조건 손을 놓고 수수방관할 수도 없는 일이다. 이번에는 해당 지자체인 군청을 방문해 강력한 항의를 표명하고, 하루빨리 시위가 종결될 수 있도록 적극적으로 중재에 나서 줄 것을 간곡히 요청했다고 한다.

주민들의 대처방안도 논의가 되었다. 매일 저녁 8시에 안내방송을 하고 그 내용을 인쇄해 승강기 내부에 붙이기로 했다. 그들이 아무리 확성기로 구호를 외치고 시위를 해도 절대 관심을 가지지 말 것을 당부했다. 지켜보는 사람이 많으면 많을수록 시위가 격해지고 기승을 부려서다. 욕설, 폭언, 물건 투척 등으로 싸움이 발생하지 않도록 각별하게 주의하고 동영상이나 사진으로 촬영하면 불법 촬영죄로 벌금이나 고소의 대상이 될 수 있으니 시위사태를 철저히 무시하고 동요치 말라고도 했다.

그러나 그들의 행동은 생각했던 것보다 훨씬 더 집요하고 잔인했다. 목적을 위해서는 물불을 가리지 않았다. 자정이 가까워진 시간에, 그것도 휴일인 일요일에 그런 기습적인 시위를 벌일 것이라고는 꿈에도 생각지 못했다. 아파트 주민들에 대한 배려는 애초부터 없었다. 다수의 사람을 볼모로 낮과 밤을 가리지 않고 저지르는 만행에 저절로 진저리가 쳐졌다. 6개 동에 536세대가 살아가는 우리 아파트 단지가, 고위층 지도자들과 부자들이 사는 고급아파트였다면 과연 그들이 그런 시위를 벌일 수 있었을까 하는 의문이 들기도 했다.

그들의 시위는 15일 만에 막을 내렸다. 집회를 열겠다고 사전 신고를 한 기간이 만료되었기 때문이었다. 이번 시위에서 그들은 의도했던 대로 소기의 목적을 달성했는지는 알 수 없지만, 문득 떠오르는 고사성어가 하나 있었다. 병법의 삼십육계 중 승전계의 제3계로 알려진 '차도살인(借刀殺人)'이었다. 한자를 그대로 해석하면 "남의 칼로 사람을 해친다."라는 뜻으로 어떤 목적을 이루기 위해서 직접 나서서 싸우고 해결하는 방법도 있지만, 그 대가가 너무 크다면 다른 세력들과의 갈등을 조작해 서로 치고받고 싸우게 만들어 소정의 목적을 달성하는 전략이다.

이래저래 혼탁하고 힘든 세상이다. 근래에 이보다 더 암담한 시국이 있었나 싶다. 매일 전해지는 뉴스를 접하노라면 두려운 마음이 가장 먼저 생기는 건 왜일까. 산 넘고 물 건너 한참이나 달려온 것 같은데 아직도 제자리라니, 일 년 하고도 6개월을 끌어온 바이러스와의 살얼음판 전쟁은 아직도 끝날 기미조차 보이지 않는다.

우리가 살아가고 있는 세상이 수상하다. 기록적인 이상고온 현상이 세계 곳곳을 강타해 미국과 캐나다는 최고기온이 50도에 육박했고, 뜨거워진 강 속에서 익어가는 연어의 모습은 충격을 안겨 주었다. 터키, 그리스, 이탈리아, 미국, 러시아 등에서 재앙급 화재가 발생했고, 독일과 영국, 벨기에 등 서유럽과 중국과 파키스탄에서는 연일 물난리다. 전 세계 코로나바이러스 감염자는 2억 명에 육박하고 사망자는 4백만 명을 넘어선 지 오래다.

모로 가도 서울만 가면 된다는 말을 생각한다. '모로'는 '비껴서, 옆쪽으로, 대각선으로'라는 의미로, 무슨 수단이나 방법을 써서라도 목적만 이루면 된다는 뜻이다. 모든 일에 원인 없는 이유는 없다. 기후 변화의 주원인은 인간에 의한 탄소, 온실가스 배출이다. 석유 · 석탄 · 천연가스 등 화석연료와 전기 사용과 에너지 이용 등으로 발생하는 탄소가스는 전체의 7할 이상을 차지한다.

아이러니한 것은 신종 코로나 바이러스19 사태로 2020년 한해에 이례적으로 탄소 배출이 6퍼센트 정도 줄어들었다고 한다. 이환위리(以患爲利), 근심을 이로움으로 삼아야 하는 계기가 과연 될 수가 있을까.

• 반드시 잡는다

어둠이 미처 빠져나가지 못한 이른 아침이다. 자리에서 일어나 욕실로 향한다. 손을 깨끗이 씻고 거실로 나와 일회용 소독약으로 손가락을 문지른다. 채혈기를 갖다 대고 방아쇠 역할을 하는 버튼을 누르면 "탁!!" 하고 바늘보다 더 뾰족한 채혈침이 살 속을 파고든다. 좁쌀 같은 빨간 피가 송골송골 맺히면 측정기로 수치를 재고 하얀 알콜솜으로 닦아낸다.

오늘도 어김없이 그녀가 떠오르는 순간이다. 볼록한 가슴에 개미를 연상케 하는 잘록한 허리를 지녔었다. 잘 익은 복숭아 같은 얼굴에 하얀 피부, 반듯한 이목구비는 강산이 네 번이나 바뀌었어도 여전히 매력적으로 다가온다.

열이라는 친구가 앞집에 살았다. 4남매의 막내로 오른손 엄지에 손가락 하나가 더 있는 친구였다. 허리가 잔뜩 구부러진 친구 아버지는 몸이 아파도 병원과 약국에 가질 않았다. 대신 동구 밖 소나무 숲 아래에 있는 상엿집으로 갔다. 거기서 며칠 자고 일어나면 병이 깨끗이 낫는다는 것이다. 칠흑 같은 밤에 상여와 제구들 사이에 귀신들이 나타나면 밤새 그들과 이야기를 나눈다는 소문도 있었다.

월남전에 참전했던 친구의 큰형이 돌아오던 날 마을에서는 잔치가 벌어졌다. 그때 처음으로 씹어먹는 담배와 커피가 있다는 걸 알았다. 농사를 짓던 둘째 형 밑에는 갓 스물이 되어가는 갑순이 누나가 있었다. 예쁜 얼굴에다가 미소가 매력적이라 동네 형들의 가슴을 무던히도 태웠다. 빨간 미니스커트에 삐딱-구두를 신고 읍내라도 나가면 인근의 총각들은 그야말로 난리가 났다.

파란 하늘이 더욱더 푸르던 가을 운동회였다. 학생 수가 천여 명이 넘는 초등학교라 면소재지가 들썩였다. 백여 미터가 넘는 교정 입구 진입로에는 온갖 먹거리장터가 열렸다. 머리띠 색깔로 청군, 백군으로 나누어 자웅을 겨뤄 우승팀을 가렸는데, 여섯 명이 한 조로 달리면 일등에게는 노트 세 권, 이등은 두 권, 삼등은 한 권을 주었다. 그리고 나머지 등수는 연필 한 자루씩을 주었다. 차전놀이와 줄다리기, 바구니 터트리기 등이 가장 인기가 있었다.

그중 가장 잊히지 않았던 게 어머니들 달리기였다. 남녀가 유별하던 시절이라 운동회가 아니고서는 어머니들이 달리는 모습은 좀처럼 보기 힘들었던 때였다. 저마다 한복을 움켜쥐고 하얀 고무신을 신고 달리던 모습이 지금도 눈에 선하다. 그런데 그 달리기에 시집도 가지 않은 갑순이 누나가 신청을 했다. 빨간 구두를 양손에 움켜쥐고 안간힘을 다해 달렸는데도 결과는 꼴찌였다.

가난을 달고 살던 배고픈 시절이기도 했다. 갑순이 누나는 몸이 날씬했는데도 먹성이 좋았다. 대청마루나 멍석 위에 무말랭이를 널어놓으면 동네 어머니들과 두런두런 이야기를 나누며 야금야금 집어 먹곤 했다. 그런데 그 양이 너무 많아서인지 어머니들 입방아에 자주 올랐다.

그해 겨울방학 때 갑순이 누나가 죽었다. 그때서야 누나가 겉으로 잘 드러나지 않는 병을 앓았다는 것을 알게 되었다. 어머니들 달리기에 왜 그렇게 무리해 참여하고 꼴찌를 했는지, 무말랭이를 왜 그렇게 많이 집어 먹었는지도 알게 되었다. 시집도 가지 않은 꽃다운 나이의 누나를 하늘나라로 데려간 건, 아무리 먹어도 자꾸만 먹고 싶어지는 당뇨라는 병이었다. 세상에 그렇게 무서운 병이 있다는 걸 그때 처음으로 알게 되었고, 어린 나이지만 무슨 일이 있더라도 그 병에는 절대로 걸리지 말아야겠다고 다짐도 했었다.

지나간 겨울은 날씨가 유난히 추웠다. 삼십여 년 넘게 다녔던 등산의 내공도 아무 소용이 없다는 걸 그때서야 깨닫게 되었다.

건강을 지키기 위해 하는 운동이 아니라, 직업적으로 다니다 보니 스트레스가 쌓여 독이 되었는지도 모른다. 몇 해 전부터 병의 증상이 있었는데도 나는 철저히 무시했다. 가족력이 없는 데다가 누구보다 건강에는 자신이 있었기 때문이다. 정상 수치를 한참이나 넘긴 중성지방과 스트레스로 인하여 올해 나는 당뇨 판정을 받았다.

언제부터인가 손발이 시리지 않았다. 아무리 차가운 바람이 불어도, 하얗게 쌓인 눈 속에 손발이 빠져도 그때뿐이었다. 마치 금강불괴의 몸이라도 된 줄 착각을 일으켰다. 그런 나를 모두 부러워하는 눈치였고, 나는 그것이 오래도록 산을 다닌 등산이 주는 훈장쯤으로만 여기고 있었다.

서른 살 이상 우리나라 사람들이 가장 많이 앓는 병이 당뇨다. 무려 일곱 명 중 한 명꼴이다. 겉으로 잘 드러나지 않아 자칫 방심하다가 합병증이 동반되면 무서운 결과를 초래한다. 당뇨의 증상 중 가장 무서운 것은 '당뇨발', 기온이 차가워지는 겨울에 혈액순환이 원활하지 않으면 세포가 부분적으로 죽어 발가락부터 시작해 발목, 심하면 무릎까지 절단해야 한다. 병의 원인이 불분명해 가려야 할 음식도 많고 꾸준히 운동도 해야만 한다. 하루하루 체크해야 할 것은 더 많다. 그때마다 갑순이 누나를 떠올리는 게 여간 곤혹스러운 게 아니다.

근래에 보았던 영화 속 장면이 갑자기 떠올랐다. 아침 일찍 일어난 남자가 양치하고 발목을 돌린다. 팔을 머리 위로 올리고 반대편으로 기울이는 등 간단한 어깨 운동도 한다. 그리고는 혈당을 잰다. 수치를 확인한 그가 약간은 신경질적으로 말을 툭 내던진다. "염병할, 걸려도 아주 성가신 병에 걸렸어." 그리고는 윗도리를 걸치고 밖으로 나서며 영양갱 몇 개를 호주머니에 집어넣는다.

영화의 내용은 당뇨를 앓고 있는 노인이 연쇄 살인범을 추적하는 범죄영화다. 영화를 보면서도 내내 의문이 일었던 건, 선한 얼굴을 하고 수많은 살인을 저지르는 연쇄 살인범이 왜 살인을 저지르는지 그 개연성이었다. 그런데 시간이 지나 곰곰이 생각해 보니 연쇄 살인범과 당뇨는 묘하게도 닮아있었다. 불특정 다수를 이유 없이 공격해 생명을 빼앗거나 곤경에 빠트렸다는 것이다.

다행히 영화의 결미는 해피엔딩이었다. 수많은 착오와 고난 끝에 노인이 연쇄 살인범을 잡는다는 내용이다. 마치 앞으로 내가 어떠한 고초를 겪더라도 반드시 당뇨를 잡아야 하는 것처럼, 영화의 제목도 〈반드시 잡는다〉였다.

• 반전(反轉)

대구역 지하차도의 위쪽은 두 개의 다리로 만들어졌다. 크고 넓은 것은 대구역 플랫폼을 겸했고 북편의 작은 다리는 사람들이 건너는 인도다. 철로 주변의 담벼락에 주차하고 다리를 건너노라면 우측으로 플랫폼이 훤하게 보인다.

1980년대 후반까지는 무척 살기가 힘들었던 시절이다. 직장 구하기가 하늘의 별 따기라 취직을 해도 조퇴나 정시퇴근이 힘들었다. 잔업이다, 특근이다 구실도 많았다. 쫓겨나지 않으려면 무조건 일을 해야 해, 어쩌다 일을 일찍 마치기라도 하면 거의 잔칫집 분위기였다.

그날도 그런 날이었다. 왠지 모를 분위기에 마음이 들떠 밑 빠진 독에 물을 붓듯 술을 삼키게 되었다. 그러다 밤이 이슥했고 직장 동료 두 명과 마지막으로 들른 곳이 나이트클럽이었다.

혈기가 왕성한 나이였다. 술의 힘이 과했던지 사소한 시비가 종업원들과 마찰을 빚었고 폭행으로 번졌다. 많은 숫자에 밀려 차가운 시멘트 바닥에 무릎을 꿇고 고문을 당하듯 세 시간 가까이 구타를 당했다. 그들은 매우 지능적이었다. 상처가 잘 드러나지 않을 부분과 부러지지 않을 곳을 일부러 골라서 때렸다.

뿌옇게 날이 밝을 무렵에 우리는 풀려났다. 그렇지만 억울하고 분한 마음이 진정되지 않았다. 업소의 기물을 부순 것도 영업을 방해한 것도 아니었기에 더했는지 모른다. 직장 상사에게 전화로 사정을 전하고 도움을 요청했다.

파출소를 찾았다. 다른 사람은 몰라도 결코 용서하고 싶지 않은 놈이 있었다. 처음부터 폭행을 주도한 영업부장이다. 그러나 담당 경찰과 함께 업소를 찾았지만, 그는 이미 자리에 없었다. 업소 사장과 영업부장에게 연락해 오전 열 시까지 파출소로 출두하라는 명령서를 전하고 업소를 물러 나왔다.

우선 몸부터 추슬러야 했다. 따뜻한 국밥으로 배를 채우고 직장 사장이 잘 아는 병원을 찾아 엑스레이로 온몸을 스캔하고 진단서를 발부받았다. 그러나 결과는 예상 밖이었다. 세 시간이 넘도록 구타를 당했는데도 진단이 겨우 2주였다.

아침 열 시가 넘었는데도 그들은 나타나지 않았다. 아마도 우리에게 한 짓이 있어 나타나기가 껄끄러웠을 거라 여겼다. 그러나 그 기대는 무참히 깨졌다. 업소 사장과 영업부장이 동시에 나타났는데 영업부장의 왼팔이 깁스가 되어 있었다.

"사소한 시비로 손님들과 싸움이 벌어졌는데 세 사람에게 일방적으로 폭행을 당했습니다. 맞지 않으려고 방어를 하다가 손가락이 부러졌고 팔에 금이 가는 바람에 치료를 받고 이제야 겨우 나오는 중입니다."

그는 상대자로 우리를 지목했고, 그가 내민 진단서에는 "약 6주간 치료를 요한다."고 적혀 있었다.

참으로 기가 막힐 노릇이었다. 요즘처럼 CC TV가 있던 시절도 아니었던지라 증거는 진단서가 유일했다. 졸지에 피해자에서 가해자로 둔갑이 되었다. 그의 진단서는 법원의 판결처럼 우리를 옭아맸고 우리가 아무리 피해자라고 항변해도 받아들여지지 않았다. 쌍방 폭행으로 사건이 진행되었고 담당 경찰관은 우리에게 합의를 종용했다. 한 사람당 20만 원씩 총 60만 원을 변상해 주기로 하고 우리는 겨우 풀려날 수 있었다.

세상 물정에 젊은 혈기는 한참이나 급수가 아래였다. 애초에 그들을 상대로 고소하겠다는 발상 자체가 무리였다. 고소가 우리를 구조해 주리라 믿었지만 산전수전 다 겪은 영업부장은 상황을 단숨에 반전시켰다. 고의로 자신의 손가락을 부러뜨리고 팔을 각목으로 내려친 후 진단서를 끊어 우리를 역으로 고소한 것이다.

오전 11시가 지나서야 자취 집으로 돌아왔다. 밤새 나를 기다렸던 연탄불은 꺼져 있었고 방안에 한 장의 쪽지가 놓여 있었다. 내가 그토록 좋아했고 기다렸던 그녀의 메모였다. 밤새 기다려도 오지를 않아 열차를 타고 대전으로 다시 돌아간다는 내용이었다.

집 밖으로 뛰쳐나갔다. 시간이 많이 지나지 않았다면 그녀를 충분히 잡을 수 있을 것 같았다. 하루보다도 더 긴 십오 분이 흐르고서야 택시는 대구역에 도착했다. 2층의 개표구로 올라가 1층의 플랫폼으로 내려서기에는 시간과 마음이 촉급했다. 그때 눈앞에 들어온 것이 역사 좌측의 블록 담벼락과 철문, 높이뛰기선수로 활동한 초등학교 이후에 그렇게 높은 철문을 단숨에 뛰어넘기는 처음이었다.

지금도 내 스마트 폰과 지갑 속에는 한 장의 사진이 들어있다. 딸아이와 아내가 나란히 찍은 명함판 사진이다. 반백을 넘어선 세월이 아내의 얼굴에 읽히고 이십 대 초반의 풋풋한 싱그러움이 딸아이의 얼굴에 가득하지만, 어느 구석에도 예전 그녀의 모습은 보이지 않는다.

아내는 예전의 그녀가 아니다. 대구역 플랫폼에서 일시적으로 그녀를 낚아챌 순 있었지만, 영원히 내 곁에 머무르게 하진 못했다. 이십오 년이라는 세월의 두께에 몸의 변화는 속수무책, 머리숱이 사라지면서 주름이 늘어났고 주름 골은 점점 더 깊어져 간다. 그런데도 흐릿해진 기억 대신에 추억은 점점 더 새록새록해

지니 그것이 문제다.

오늘처럼 그녀가 떠올려지고 생각날 때마다 나는 가끔 상상한다. 지금까지 살아오면서 가장 사랑했던 여인은 누구였을까 하고. 지금도 잊히지 않고 떠오르는 그녀인지, 아니면 사랑하는 딸아이를 낳고 가장 오랫동안 내 곁을 지켜주고 있는 아내일까 하고.

언젠가부터 자꾸만 음미하게 되고 공감이 가는 말 하나가 생겼다. "강한 자가 오래 살아남는 게 아니라 가장 오래 살아남는 자가 강하다."라는. 그러고 보니 나도 이제는 나이가 들긴 들었나 보다.

• 액땜

관공서에서 날아오는 우편물은 폭발물이다. 좋은 일보다는 좋지 않은 일로 날아오는 경우가 훨씬 더 많아서다. 그래서 될 수 있으면 법규를 위반하지 않으려고 부단히 노력하지만 그게 생각처럼 쉽지 않다. 그중에서도 가장 신경 쓰이는 건 경찰서의 우편물, 교통 범칙금 통지서다.

이번에는 또 어떤 죄목일까. 통지서를 개봉하기 전에 미리 상상하면서 지나간 날을 찬찬히 되짚어도 딱히 위반한 내용은 없는 것도 같다. 거기다가 근래엔 건강을 핑계 삼아 서너 정거장을 일부러 더 걸어가, 지상철이나 시내버스를 타고 사무실로 출퇴근한 날이 더 많지 않았던가.

그러나 간절한 바람은 언제나 나를 외면한다. 이번에도 어김없이 범칙금 통지서다. 위반한 장소는 동대구로의 범어네거리와 두산오거리 사이. 규정 속도 60킬로 도로를 71킬로로 달렸다고 범칙금 4만 원이 부과되었다.

처음엔 그곳을 다녀왔는지 아리송했다. 그랬기에 통지서의 내용에 잠시 의심의 눈길도 보냈고. 지나간 날을 몇 번이나 더 강제로 소환하고서야 비로소 그날이 생각났다. 수성구에 있는 삼성전자 서비스센터로 가는 길목으로, 고장난 카메라를 고치기 위해 딱 한 번 그 도로를 통과한 적이 있었다.

새해 첫날에 일출 여행을 다녀왔었다. 장소는 기장의 연화리, 등대 사랑이 유별난 곳으로 다양한 등대를 감상하며 일출을 보는 재미가 쏠쏠한 곳이었다. 대부분 등대가 기단과 탑신, 조명시설 등으로 단순화되어 있지만, 연화리 등대들은 조금 색다르다. 디자인을 유별나게 해 수많은 사람을 끌어모았는데 닭벼슬, 월드컵, 갈매기, 야구공, 장승, 젖병 모양 등이다. 그중에서도 신년의 이미지와 잘 어울리는 젖병등대는 가장 많은 사람이 북적이는 곳이다.

차량도 사람들도 북새통이었다. 나도 그 속의 일원이 되어 젖병등대가 있는 선착장으로 나아갔다. 밀물처럼 밀려드는 인파라 좋은 일출 장소를 선점하기가 매우 어려웠다. 그러던 와중에 바닷가 쪽으로 겨우 사람 하나가 빠져나갈 정도의 틈이 생겼고, 억지로 몸을 밀어 넣었는데 갑자기 발등에 무엇인가가 툭 떨어졌다.

순간 아차 하고 확인해보니 카메라가 시멘트 바닥에 내동댕이쳐져 있었다. 순간 포착을 위해 망원 렌즈에 후드를 끼우고 카메라 가방 속에 반쯤 걸쳐서 집어넣었던 게 화근이었다.

급히 카메라를 점검해 보았다. 조금 전까지만 해도 멀쩡했던 액정에는 작은 실금이 여러 개 나 있고 형체를 알아볼 수 없는 섬광 한줄기만 겨우 보였다. 일출을 보면서 소원을 빌고 올 한 해 늘 좋은 일만 가득하기를 바랐는데, 정초부터 일이 꼬이는 것만 같아 속상했다. 그러다가 방금 일어난 이 사고도 어떻게 보면 올 한 해의 액땜일지도 모른다고 생각하니 그제야 마음이 조금 평안해졌다.

일출 여행을 다녀온 지 며칠이 지났다. 파손된 액정을 생각하면 마음이 쓰리고 아프지만, 고장이 난 카메라를 그대로 둘 수는 없었다. 그래서 사무실 가까이 있는 S 전자 서비스센터를 찾았다. 그런데 시내에서 가장 큰 센터인데도 불구하고 카메라를 고치는 부서가 없다고 한다. 몇 년 전 그룹 차원에서 사업성이 없다고 판단해 카메라 사업을 정리했다고 하더니 그 여파가 나타난 모양이었다.

기분이 상해 카메라 수리를 다음 날로 미루려다가 마음을 고쳐먹었다. 안내원이 일러준 대로 동대구로에 있는 수성구 서비스센터를 찾기로 했다. 거리가 멀긴 하지만 이왕 카메라를 고치려고 마음먹었고 기동성을 위해 일부러 차까지 가지고 온 터였다.

그런데 결국에는 엎친 데 덮친 격이 되고 말았다. 또 문제가 발생한 것이다. 카메라의 액정이 오래전 생산 중단되어 전국에 재고가 하나도 없다고 한다.

카메라 수리기사의 하소연을 들어야 했다. 카메라 사업이 중단되면서 많은 수리기사가 일자리를 잃었고 지금 센터에 남아 있는 기사는 자신이 유일하다는 것이다. 민망해하던 그가 다른 방법을 제시했다. 고객이 직접 포털 사이트에 카메라를 검색해 싼 가격에 나오는 같은 카메라의 몸체를 직접 구하라고 했다. 액정을 교환하는 데 드는 비용이 약 15만 원 정도, 거기다 몇만 원만 더 보태면 현재 카메라보다 더 새것으로 장만할 수가 있다는 것이었다.

배보다 배꼽이 더 커져 버렸다. 부품을 교체하러 갔다가 아예 카메라 몸체를 통째로 바꿔야 할 판이다. 그러한 상황이 참으로 당황스럽고 어리둥절했다. 사진을 전문으로 하는 사람이라면 누구나 다 인정하고 선호하는 C와 N 카메라 대신에 S카메라를 선택했던 건 나름의 이유가 있었다. 비록 후발주자지만 우리나라 기업의 제품이고, 전자와 반도체, 핸드폰을 만드는 기술력은 이미 전세계적으로 정평이 나 있었기 때문이다.

그런데 이번엔 그러한 것들이 오히려 발목을 잡았다. 믿는 도끼에 발등을 찍혀버렸다고나 할까. 이렇게 될 줄은 꿈에도 생각지 못했기에 몇 년 전에는 타사 카메라와는 전혀 호환되지 않는데도 망원 렌즈까지 따로 구입을 했었다. 그것도 백만 원에 근접

하는 금액을 지급하고서 말이다.

앞으로 닥쳐올 모질고 사나운 운수를, 다른 가벼운 곤란으로 미리 겪음으로써 무사히 넘기는 것을 액땜이라고 한다. 그런데 그 액땜이 칡덩굴처럼 얽혀 한 달간이나 계속 이어지고 있다. 이것이 과연 좋은 징조인지 나쁜 징조인지도 알 수 없으나 더 중요한 것은 다른 데 있다. 모든 액땜의 시작도 알고 보면 아주 사소한 작은 부주의에서 비롯된다는 것이다. 다만 그 잘못을 누구보다도 잘 알고 있으면서도 쉽게 인정하지 않고 액땜이라는 다른 구실로 대신하였던 것뿐이다.

이런저런 심란한 생각에 거실의 서랍장을 열어본다. 그곳에는 아직도 액정이 파손된 채로 카메라가 그대로 방치되어 있다. 하나의 제품을 만들어 소비자에게 판매한 기업의 책임은 과연 언제 어디까지인지 그 해답을 요구하면서.

• 야고(野菰)

TV 화면에 그녀가 보인다. 몸 주위에 치장된 모든 것들이 온통 고가의 브랜드다. 그중 가장 눈길을 끌었던 건 가방, '에르메스 린디 백(bag)'이다. 프랑스의 최고급 명품으로 천만 원이 넘는다고 알려져 있다.

명품의 백이라 그런지 수식어도 남다르다. 도도하거나 냉소적인, 절제된 느낌을 풍긴다고들 한다. 거기다 우아하기까지. 독자적인 디자인뿐 아니라 최고의 장인 기술과 재료로 디테일까지 꼼꼼하게 완성해 만든 가방이란다. 명품에 대해 조금의 관심이라도 있었으면 누구나 다 알아준다는 데 왜 나만 몰랐던 것일까.

그녀의 패딩도 만만찮다. 보기에는 별것 아닌 것 같은데도 250

만 원이나 한단다. 돈을 버는 데 젬병인 나로서는 한 달 동안 애써 벌어도 만질 수 없는 거금이다. 거기다가 신발도 명품이다. '프라다'의 '레더 슬립온 스니커즈'로 72만 원이나 된단다.

그녀의 능력은 어디까지일까. 상상할 수도 없는 거대한 권력과 힘으로 국가의 모든 인사와 이권까지 개입했다니 마치 별개의 사람처럼 느껴진다. 그런데 막상 알고 보니 보잘것없다. 자생할 능력조차 없어 겨우 남의 뿌리에 기생하면서 살아가는 더부살이 주제다.

그녀에 대한 끊임없는 논란을 접하면서 작은 꽃 하나를 떠올렸다. 이름하여 야고(野菰). 잎이 없는 원줄기에 연한 홍자색의 꽃 한 송이가 옆을 향해 나온 꽃이다. 꽃잎의 길이는 대략 어른 새끼손가락 반 정도, 일년생의 줄풀이라 줄기가 짧아 겨우 땅위로 나온 것처럼 보이기도 한다.

야고를 처음 본 곳은 남해의 '용초도'다. 한산도 남쪽에 위치한 섬으로 이름에 얽힌 유래가 다양한 곳이다. 섬의 중앙인 수동산 자락에 용머리풀이 많이 자생한다고, 또는 섬 모양이 용이 풀밭에 누운 것처럼 보인다고 용초도(龍草島)라 부른다. 한려해상국립공원 안에 있지만 섬은 척박하다. 내세울 수 있는 것이라곤 작은 동산을 이루고도 남을 거대한 용바위뿐, 그래서 그동안 철저히 남의 이목에서 벗어나 있었던 것인지도 모른다.

그 용초도에 작년 여름 등산로가 개설되었다. 호두마을에서 등산을 시작해 동쪽의 호두산을 한 바퀴 휘돌고, 다시 섬 중앙의 수동산을 치고 오르는 명품 등산로가 탄생한 것이다. 그런데 산을 오르기 위해서는 반드시 거쳐야 할 곳이 있다. 수동산 초입의 억새밭으로, 작은 돌로 예쁘게 담장을 쌓은 밭을 지나면 바로 보인다. 하지만 그곳의 억새들은 유난히 질기고 억센데, 세찬 해풍에 이리저리 흔들리며 빼곡하게 자라나서다. 그곳을 헤치고 나아가다 우연히 야고를 발견했던 것이었다.

꽃이 작아 색이 화려하지 않았더라면 그냥 지나쳤을지 모른다. 생긴 모양이 담뱃대를 닮아 인디언 파이프, 또는 담뱃대더부살이라 부른다는 걸 나중에야 알았다. 8월 말경이나 9월 초에 꽃이 피어 어설픈 눈썰미를 가진 사람들은 용담으로 오인하기가 쉽다. 그런데 그런 야고도 치명적인 약점이 있었으니 스스로 자생하지 못하고 남의 뿌리에 기생하면서 살아야 한다는 것이다.

불가능이 없을 것 같았던 그녀의 후유증이 심각하다. 투명하고 공정하게 일이 진행되어야 할 곳곳에서 썩은 냄새가 진동하더니 어느 한 곳 정상적인 곳이 없다. 급기야는 딸의 명문대학 부정입학으로 시작된 추문이, 그녀가 지금까지 뿌리를 내렸던 그 대상마저도 탄핵이라는 거대한 태풍에 휘말려 뿌리째 뽑히고 날아가 버렸다.

수없이 많은 명품과 재물, 수많은 사람 위에 군림했던 무소불위의 권력도 애당초 그녀의 것이 아니었다. 스스로 노력하지 않고 남에게 기생한 덕으로 얻어진 모든 것들은 한낮 신기루요 물거품이다. 그런데 그것을 마치 자신의 능력인 양 착각하고 세상을 낮잡아 본 죄로 그녀는 지금 차가운 창살 안에서 그 죗값을 치르는 중이다.

남의 뿌리에 기생해 자라는 야고는 관상용이다. 관상용이란 오래 두고 지켜보면서 즐기는 데 쓰이는 것을 말하지만 자칫 비루해 보일 수 있는 이미지를 꽃이 아름다워 탈피했다고나 할까. 그런데 관상용이라고 해서 반드시 외형으로만 보아야만 될까. 어쩌면 야고의 진정한 가치는 외형에 있는 게 아니라 내면에 있는 건지도 모른다. 사람의 피와 관계된 모든 질병에 두루 좋다고 하니 피눈물을 흘린 수많은 사람의 마음을 위로하는 데 이보다 더 좋은 게 어디 있으랴

용초도에 등산로가 개설된 지 10개월이다. 아이를 잉태하고 낳기까지의 긴 날들이 어느덧 흘러가 버린 것이다. 그런데 섬은 아직 조용하다. 금방이라도 불꽃처럼 등산 붐이 일어날 것만 같았는데 더디기만 한 것이다. 죽도와 추봉도, 한산도를 연결하는 항로에는 이제 자동차를 실을 수 있는 차도선까지 운행되고 있다고 한다.

그러다 그저께 수동산으로 가는 등산로 일부가 막혔다는 소식이 들렸다. 야고가 기생하며 자라는 억새밭으로 가는 유일한 길목인 곳이다. 밭과 밭 사이, 길 주변에 돌담을 쌓아 찾아오는 탐방

객들의 마음을 어루만지며 보듬어주던 운치 있던 길을 누가 돌무더기와 가시덤불로 꽉 막아 놓은 것이다. 억새를 보호하기 위함인지, 아니면 억새에 기생하는 야고를 보호하기 위함인지 알 수는 없지만, 그 길이 아니면 억새밭으로 들어갈 수 없다는 게 문제였다.

오늘은 무척이나 각별한 날이다. 이른 아침부터 비가 추적추적 내리지만, 신분증을 챙기고 특별한 외출을 준비한다. 제2, 제3의 그녀가 탄생하는 걸 막고 제대로 나라를 이끌어 나갈 적임자를 선택하기 위함이다. 올여름 말미 다시금 야고를 볼 수 있을지는 의문이지만, 하얀 종이 위에 찍힌 붉은 문양의 투표 기호가 야고의 꽃잎처럼 선연하게만 보인다.

• 어떤 의도(意圖)

새로운 고민이 생겼다 그것을 해결하는 방법은 두 가지다. 하나는 솔직하게 이야기를 하는 것이고, 다른 하나는 스스로 인지할 때까지 기다려주는 것이다. 그러나 둘 다 실행이 쉽지 않다. 아무리 좋은 뜻이라고 해도 잘못 전달이 되거나 오해해서 들으면 배신감이 들 수도 자존심에 큰 상처를 입을 수도 있어서다.

등산을 떠날 때부터 하늘이 우중충했다. 오늘 목적지는 충남 서천의 월명산이다. 대구에서 부지런히 차량으로 달려도 세 시간 반 이상이 소요되는 곳이다. 산의 높이는 삼백여 미터에 미치지 못하나, 바닷가에 위치해 고도가 높아 보이고 단아한 산세로 인해 정상에서 바라보는 달빛이 무척 아름답다고 알려져 있다.

운전대를 잡은 손이 미세하게 떨린다. 왕복으로 7시간 이상이 소요되는 거리를 한 번만 쉬고 계속 달려야 해서다. 그런데 아직 더 큰 문제가 남아 있다. 일기예보 때문이다. 충남 대부분 지역에 비 소식이 있어 오후 세 시가 되어야 그친다니 여간 신경 쓰이는 게 아니다. 그나마 위안거리라면 기상청이다.

작년 여름부터 기상청은 묵사발이다. 기우제를 지내고 있다는 비아냥에서부터, '오보청' '구라청' 등 각종 오명이 소셜네트워크서비스를 통해 넓게 확산이 되었다. 나도 한때는 흔들렸다. 기상청의 예보보다 청개구리 소리를 더 믿어볼까 하고 나름 심각한 고민도 했었다. 비가 온다는 소식은 등산을 업으로 하는 나에게는 더없는 악재다. 그런데 막상 주말이 되면 하늘은 쨍쨍, 그렇게 날려버린 행사가 한둘이 아니었다.

월명산 등산의 시작점은 비인중학교다. 긴 시간 운전에서 오는 노곤함을 뒤로하고 산으로 든다. 하늘은 놀부의 심보처럼 잔뜩 흐려져 있지만, 다행히 비는 내리지 않는다. 때로는 산을 올려다보는 것만으로도 힘이 날 때가 있는데, 오늘이 바로 그런 날이다. 거침없이 불어온 바람에 소나무 숲과 나무들이 일렁이며 춤을 춘다. 그때마다 잔가지에 남아 있던 물기가 옷가지와 얼굴에 날리지만 개의치 않는다.

월명산은 전설의 산이다. 아기 장수에 얽힌 이야기가 지금까지 전해져 내려온다. 산자락에 한 부부가 살았는데 열심히 노력한 대가로 남부럽지 않았지만, 자식이 없는 게 근심거리였다. 그러던 중 월명산 기슭의 4층 바위에 100일 기도를 드리면 자식을 얻을 수 있다고 해, 기도를 열심히 한 덕택에 쌍둥이 아들을 낳았다고 한다.

쌍둥이는 비범했다. 첫돌도 지나기 전 걸음마를 떼고 칼싸움 연습을 하는가 하면 사람들이 보이지 않을 때는 마당을 날아다닐 것처럼 날쌨다. 그러던 어느 날 아이들이 곤하게 잠들었을 때 팔을 들어보니 겨드랑이에 날개가 돋아나 있었다. 날개가 달린 아이가 태어나면 집안을 몰살시킨다는 소문을 듣고 부부는 아이들을 죽이기로 했다. 아들을 산 아래로 데려간 다음 거대한 돌을 아래로 굴렸다. 쌍둥이는 떨어지는 바위를 애써 받아냈지만 마골대는 깔려서 죽고 용골대는 돌을 받아서 집어 던진 다음 부모님을 원망하면서 압록강을 건너 중국으로 갔다고 한다.

힘이 좋고 무예가 빼어난 용골대는 청의 장수가 되었다. 병자호란 때 선봉장이 되어 조선을 침공했다. 남한산성으로 피신한 인조를 압박하여 항복을 받아냈지만, 그는 끝내 부모는 찾지 않았다. 가장 믿었던 대상에게 외면받고 버림받은 비애는 당해본 당사자들만 안다. 그를 낳았던 부모는 용골대가 살아서 조선으로 쳐들어왔다는 소문을 듣고 월명산에서 나오지도 못하고 숨어 지내다 그대로 생을 마감했다고 한다.

사면팔방이 탁 트이는 월명산 정상에 도착했다. 낮은 산인데도 불구하고 조망이 훤칠해 그 먼 거리를 장시간 운전해온 보람이 생긴다. 동북쪽 구릉지대와 서북쪽의 바다가 훤히 드러나 삼국시대에 이곳이 백제의 군사적 요충지였음을 짐작하게 한다.

점심시간을 포함해 세 시간여 등산을 마치고 나니 온몸이 축축하다. 거대한 정원처럼 꾸며진 비인중학교는 전혀 기대하지 않았던 볼거리, 수령을 알 수 없는 분재처럼 예쁜 노거수 소나무와 배롱나무가 쉽게 발걸음을 돌릴 수 없게 만든다. 사진과 동영상을 번갈아 찍다 보니 일행 중 가장 늦게 하산을 한다. 먼저 도착한 몇몇 분들의 눈초리에 불만이 가득했지만 애써 무덤덤한 척했다.

새해 첫날에 일출 여행을 다녀왔었다. 그날 참석했던 어떤 여자분의 이야기가 큰 반향을 불러일으켰다. 택시 기사도 70세가 넘으면 운전면허증을 반납하는 게 좋지 않겠느냐는 의견이었다. 순발력이 떨어져 급발진 등 위기 상황 대처에 미흡한 것도 있지만, 나이가 들면 생기는 부작용에 대한 염려 때문이었다.

언젠가 나이 지긋한 분이 운전한 택시를 탔는데 몸에서 냄새가 너무 나더라는 것이다. 그대로 가면 구토가 나올 것만 같아 도저히 탈 수가 없었다고 한다. 그렇다고 금방 세워달라고 하면 기사가 언짢아할까 봐, 핸드폰으로 문자를 확인하는 것처럼 행동하면서 "기사님, 죄송한데요. 친구가 문자로 급한 연락이 왔는데 근처 병원에 입원했다고 하네요. 여기서 좀 세워주시면 안 될까요?" 하면서 내렸다고 한다.

불쾌한 냄새가 나는 분들이 더러 있다. 나이가 들수록 점점 짙어지는데 땀의 분비가 원활하지 않거나, 배출은 많은데 피부가 접혀서 관리가 어려운 겨드랑이나 귀의 뒷부분과 사타구니 등에서 많이 난다고 한다. 그런데 문제는 본인 스스로 잘 느끼지 못한다는 데 있다. 냄새를 제거하려면 노폐물 배출을 위한 적당한 신체 및 야외활동도 좋지만, 무엇보다 자주 깨끗이 씻는 게 가장 중요하다고 한다.

우리 산악회에는 오랫동안 인연을 맺어온 분들이 많다. 그중에는 두 부류의 회원들이 있는데, 등산을 마치면 반드시 땀을 씻고 옷을 갈아입는 분과 입고 있는 옷이 젖고 아무리 축축해도 그대로 차를 타는 분들이 있다. 내게는 모두 소중한 고객들이라 참을 수 있지만, 함께한 다른 분들이 불편한 냄새를 느껴 부담스러워한다면 그때는 문제가 될 수도 있다.

욕을 먹으면서도 제일 늦게 하산하는 데는 이유가 있다. 먼저 내려온 분들이 씻을 수 있는 시간을 충분히 주고, 젖었던 옷과 몸이 조금이라도 더 마를 수 있도록 시간을 벌기 위해서다. 돌아오는 여정에 자동차 창문을 자주 여는 것도 그 연장선이다. 냉난방이 잘되는데도 누군가가 자연의 바람이 좋다며 창문을 자주 내리면, 나도 모르게 가슴이 철렁거릴 때가 많다.

• 오진(誤診)

일요일의 저녁이다. 오랜만의 여행이어서 그럴까. 어깨가 너무 뻐근하다. 손을 번갈아 어깨를 주무르다가 잠을 청했다.

월요일 아침, 똑같은 일상인데도 왠지 피곤함이 더하다. 쇠락함이 점점 더해갈 몸인데 건강을 더 바라는 게 욕심일까. 달갑지 않은 역병의 창궐로 집에 있는 시간이 많아져서인지 부담 없이 오수를 청했다. 네 시간 정도를 잤을까. 왼쪽 목부위에 발진이 생겼다. 미세한 경련이 양미간에 있었지만 대수롭지 않게 여기고 약 대신 꿀물 한잔으로 대신했다.

흐린 날씨의 화요일이다. 대구무역센터 17층에서 중요한 일정이 예정되었다. "생활혁신형 창업" '아이디어 톡톡'에 지원해 1

차 서류심사에 합격, 1대 다(多) 질의응답식 면접이 있는 날이다. 세 명의 면접관 앞에서 열정적으로 응하다 보니 15분여 시간이 금방이다. 금요일 오후에 결과가 홈페이지에 공지된다니 기대를 한번 걸어봐야겠다.

수요일, 대면 면접으로 미뤘던 병원을 다녀오기로 했다. 인근의 소문난 피부과를 찾았다. "걷기 운동 겸 여행을 다녀왔는데, 어깨가 뻐근하고 피곤하더니 월요일 오후에 갑자기 콩알 같은 발진이 생겼다."고 이야기했다. 양미간에 경련과 왼쪽 귀 아래쪽에 전기 감전 같은 찌릿찌릿한 증상이 반복된다고도 했다. 대상포진이 의심된다고 했더니 의사의 대답이 영 퉁명스럽다. "양미간 경련과 찌릿찌릿한 증상은 피부와 관계없고 벌레에 물린 것이니, 삼일 정도 약 드시고 연고를 바르면 금방 없어집니다."라고 말한다.

저녁나절이 되자 증상이 더 심해진다. 진통제 두 알을 먹었는데도 잠을 이룰 수가 없다. 새벽 두 시쯤 되었을까. 귀 뒤쪽의 찌릿찌릿한 증상이 어느 순간 욱신거리는 통증으로 바뀌었다. 진통제 두 알을 더 먹었는데도 통증이 가시지 않는다. 혹시나 하는 생각에 비상용으로 남겨두었던 통풍약을 꺼내 먹고 나니 조금 진정이 되어 잠을 청할수 있었다.

목요일이다. 한의원에 가기로 했다. 통증에는 침이 최고인 것 같아서다. 물리치료 후 침을 맞는데 한의사가 피부 발진에 관심을 보였다. 피부과에 갔더니 벌레에 물린 것 같다며 약을 처방받고 복용 중이라 했다. "조금 애매하긴 하지만 의사가 그렇게 말했다면 맞는 거겠지요."라고 말한다. 침을 맞고 부항과 뜸을 뜨고 나니 조금은 살 것도 같다. 간헐적으로 통증이 있기는 하지만 그런대로 견딜 만했다.

금요일, 아무리 생각해봐도 병에 의심이 간다. 벌레에 물린 것이라면 증세가 호전되어야 하는데 나아질 기미가 전혀 없다. 발진된 부위가 근지럽고 귀 뒤쪽의 통증은 그대로라, 오래전부터 알고 지내던 내과 전문의에게 조언을 구했다.

이번에는 정형외과다. 통풍으로 여러 번 약을 처방받았던 의사라 구면이다. 증상을 듣고 나더니 근래에 스트레스를 받거나 긴장된 일이 있었느냐고 묻는다. 대면 면접을 이야기하고, 일요일 여행에서 차 한 대가 올라갈 정도의 가파른 산길에서 가지도 돌아서지도 못한 채 엄청나게 고생했던 이야기를 했다.

목 디스크가 의심되니 사진을 찍어보잔다. 사진을 보고 나서 조금 안 좋은 곳이 있지만, 디스크는 아니라면서 근육 이완제가 첨가된 약을 처방해 준다. 조금이라도 빨리 낫고 싶은 생각에 처방받은 약 한 봉지를 입안에 금방 털어 넣어 버렸다.

점심을 먹고 있는데 갑자기 통증이 밀려왔다. 도저히 견딜 수가 없어 통증을 가장 빨리 억누를 수 있는 통증의학과로 달려갔다. 오전의 정형외과처럼 똑같은 사진을 다시 한번 찍잔다. 목뼈에 약간의 협착이 있다는 소견과 함께 통증을 완화하는 주사를 목

주위에 네 대나 준다. 주사를 놓던 의사도 목부위의 발진을 궁금해한다. 다른 병원에서와 똑같이 대답하니, 오늘과 같은 주사를 앞으로 두 번이나 더 맞아야 한단다.

콩알 같은 피부발진이 생긴 지 팔 일째 되는 월요일이 밝았다. 주말을 보내면서 내내 고심했다. 발진 부위에 통증과 수포가 없어도 대상포진이 의심스러웠다. 포털 사이트에서 대상포진을 찬찬히 검색한 후 이번에는 신경외과를 찾았다. 백 퍼센트 대상포진이라고 단정은 어렵지만, 우선은 대상포진 치료를 하자고 한다. 검사를 위해 많은 양의 피를 뽑아내고 일주일 분량의 약과 연고를 처방받았다.

통증이 점점 없어졌다. 발진된 주변이 조금씩 붉어지더니 세 개의 작은 띠가 생성되었다. 발진이 가라앉으며 따끔거렸다. 검붉은 딱지가 하나둘 생겨나면서부터 비로소 대상포진이었구나 하는 확신이 들었다.

오늘은 피부발진이 생긴 지 꼭 보름째 되는 날이다. 일주일 분량의 대상포진 약을 다 먹은 지 첫째 날이기도 하다. 오전 10시에 코로나 백신 2차 접종이 예정되어 있었다. 다섯 군데의 병원을 돌아다니며 여러 종류의 약을 처방받은지라 체력이 많이 떨어졌다. 과연 견뎌낼 수 있을지 솔직히 의문이다.

코로나 백신 2차 접종을 마치고 생각을 해보니 정말 아찔하다. 공교롭게도 대상포진이 처음 발병했던 날이, 애초에 2차 접종 일로 예정되었던 2주 전의 월요일 오후였기 때문이다. 그때 만일 4주간의 주기로 월요일 오전에 2차 백신을 맞았더라면 나는 과연 어떻게 되었을까. 기저질환이 있는 이상 반응 환자로 낙인이 찍혔거나, 원인 모를 백신 후유증으로 진단되어 중환자실에 따로 격리되어 있을지도 모른다.

코로나 백신 부작용으로 안타깝게 목숨을 잃은 사람들이 더러 있다. 그분들의 사연을 들을 때마다 머리가 쭈뼛거린다. 백신 접종 후 후유증이 일어났을 때 인과성을 인정받기가 하늘의 별 따기보다 더 어렵기 때문이다. 의사도 쉬이 진단하지 못하는 병이 부지기수인데, 백신으로 인한 사망의 인과성을 환자나 환자 가족들이 스스로 증명하라니, 계란으로 바위를 깨뜨리는 것보다 더 어렵지 않을까.

의사의 초기 진단이 얼마나 중요한 것인지 깨달은 대상포진이다. 처음부터 정확한 진단이 이루어졌다면 얼마나 좋았을까. 일만 원 안팎의 진료비에 극심한 통증도, 2주일에 걸쳐 35만 원에 달하는 진료비를 더 부담하는 일은 없었을지도 모른다. 면역력이 떨어질 나이라 더한 것이겠지만 이래저래 심란한 코로나의 시국이다.

• 위층 남자

우려가 현실이 된 것일까. 낮과 밤의 기온 차이가 벌어지면서 소음이 더 심해졌다. 베란다 창문이 모두 열리는 여름철은 소리가 흩어지지만, 사면팔방이 꽉 막히는 겨울이면 소리는 더욱더 증폭되고 울리기 마련이다. 예상은 했지만, 막상 눈앞에 닥치고 보니 다가온 겨울을 어떻게 나야 할지 솔직히 고민이다.

그와의 첫 대면은 일 년 전이었다. 같은 아파트의 한 라인에서 이십여 년을 같이 살았는데도 그는 너무나 낯설었다. 비록 그것이 좋지 않은 일로서의 첫 만남이 아니었다고 해도 결과는 마찬가지일 것이다. 그동안 우린 서로가 의식하지 않았을 뿐 어쩌면 한 번쯤은 스쳐 지났을지도, 엘리베이터에서 조우했을지도 모른다.

토요일의 밤이었다. 억지로라도 잠을 청해야 할 이유가 있는 날이었다. 새벽 일찍 출발해 열 시간 이상을 운전해야 하는 먼 장거리 행사를 하루 앞둔 주말이기도 했다. 내가 잠을 푹 이룰 수 있도록 아내도 일찌감치 TV와 전등을 꺼주었고, 평소보다 서너 시간 일찍 잠자리에 들었었다. 밤은 점점 깊어 고요를 향하는데 생각처럼 잠이 오지 않았다. 그건 아마도 위층에서 쉼 없이 들려오는 시끄러운 TV 소리 때문이었는지도 모른다.

그런 내 마음을 아는지 모르는지 시간은 점점 흘러갔다. 자정을 훌쩍 넘기더니 1시도 금방이었다. 그런데도 TV 소리는 줄어들지 않았다. 인내심이 바닥을 드러내자 더는 참기가 어려웠다. 시계는 이미 02시 30분을 지나고 있었다.

계단을 통해 11층으로 뛰어 올라갔다. 위층의 현관문이 마치 거대한 스피커처럼 웅~웅~ 소리를 내고 있었다. 마주 바라보이는 집에는 누가 살고 있을지, 생각하는 것만으로 끔찍했다.

초인종을 연거푸 두 번이나 눌렀다. 시끄러운 소리 속에서도 초인종 소리는 뚜렷했다. 인기척이 들리더니 문이 벌컥 열렸다. 깜깜한 밤에 신분 확인도 머뭇거림도 없이 문을 열어준다는 게 조금은 낯설어, 초인종을 눌렀던 내가 오히려 더 당황스러웠다. 퀭한 눈에 검은 낯빛, 백발에 가까운 짧은 머리를 한 노인이 문을 열고 서 있었다. 술 냄새가 확 풍겨왔다.

순간 겁이 덜컥 났다. 기다렸다는 듯 열리는 현관문이라서 더 그랬을지도 모른다. 그렇다고 순순히 물러서기도 어려운 일, 눈을 잠시 내리깔았다가 얼굴을 잔뜩 찌푸리면서 고개를 들었다. 그리고는 목소리를 높였다.

"해도 해도 너무하네요. 하루 이틀도 아니고 이게 뭡니까. 12시가 넘은 지가 언젠데 아직도 이렇게 TV 소리를 쿵쿵 틀어놓으면 우리는 어떻게 잠을 잡니까?"

화를 내는 내 모습이 이해가 안 된다는 듯, 그가 퉁명스레 말을 내뱉었다.

"거까지 들리능교? 알았구마!"

그리고는 현관문을 닫고 집 안으로 들어가 버리는 것이다.

그가 집 안으로 들어간 지 오 분여가 지났는데도, TV 소리는 여전히 줄어들지 않았다. 나도 모르게 오기가 생겨 초인종 대신 이번에는 현관문을 소리 내어 두드렸다.

"아니 그만큼 말했는데도 소리가 아직 그대로네요?"

"소리 낮췄구마, 아직도 들리능교?"

의아스럽다는 듯 반문하는 그를 보니 참으로 어이가 없었다. 한바탕 소란은 그렇게 끝이 났지만 잠은 이미 한참이나 달아나 버린 후였다.

그날 이후, 며칠간은 TV 소리가 크지 않았다. 나름의 효과가 있었다고 자평했지만, 그것은 나 혼자만의 착각이었다. 삼 일째 되는 날부터 언제 그런 일이 있었느냐는 듯 다시 TV 소리가 커졌다.

그러다가 두 번째 일이 벌어졌다. 이번엔 코로나19의 영향 때문이었다. 출근하는 날보다 집에서 머무르는 날이 더 많다 보니 부딪칠 수밖에 없었다. 소음은 점점 더 길게 이어졌고, 낮과 밤의 구분조차 없어졌다. 몇 번이나 망설였는지 모른다. 신고할 생각도 했지만 그게 그리 쉽지 않았다. 일일이 소음의 데시벨을 녹음하는 등 증거 수집도 어려웠고, 심야에 관리실 직원을 불러 확인시키기도 쉽지 않았다. 그렇다고 힘없는 경비실 아저씨를 내세워 총알받이와 방패막이로 삼을 순 없었다.

소음이 아침부터 이어지자 관리실에 민원을 넣었다. 관리실 직원을 대동해 위층에서 내려오는 소음을 확인시키자, 한두 번이 아니라고 한다. TV 소리를 줄여달라고 안내방송도 하고, 관리실 소장을 비롯해 직원들이 찾아가 설득도 했다고 한다. 그리고 오늘도 찾아가 상황을 전하고, 각 라인의 엘리베이터에 소음 방지를 위한 안내문까지 붙였으니 한 번만 더 기다려 달라는 것이다. 그러나 그 효과도 오래가지 못했다. 겨우 하루뿐 이틀을 넘기질 못했다.

전국 각지에서 아파트 층간소음 분쟁이 확산 일로라고 한다. 코로나19의 장기화로 '집콕'의 시간이 그만큼 더 많아진 반증이다. 층간소음 문제로 이웃을 폭행해 수백만 원의 벌금을 선고받는가 하면, 서로 간에 다투다가 이웃 사람과 시비가 붙어 홧김에 사람을 죽이는 일까지 있다고 한다. 그러고 보니 아파트 곳곳이 시한폭탄이 되어 버리는 것은 아닐까.

소음이 비단 아파트뿐일까. 눈에 보이지 않는다고 소음이 없는 것은 아니다. 중산층이 무너져 더욱 양극화된 빈부의 격차에서 오는 상대적 박탈감과 상실감에서 오는 불협화음도 있고, 급속한 사회 변동과 고령화로 인해 서로 다른 가치관과 생활 방식에 따른 대립도 허다하다. 살기가 어려워지자 사회적 비용 증가를 둘러싼 세대 간 이해관계의 대립 또한 심각한 수준이 된 지 이미 오래다.

11월이 벌써 가지 끝에 걸렸다. 어제는 하루 동안 비가 내리더니 인도의 보도블록 위에 낙엽들이 우수수하다. 아름드리보다도 더 넓은 마대(麻袋)에 채워져 길가에 놓인 낙엽들을 보니 문득 그가 생각이 났다. 그의 행동 하나하나도 지나고 보면 노화의 한 과정일 뿐이고, 나 또한 얼마 지나지 않아 그 길을 따라갈 터인데 내가 그동안 너무 민감하게 반응했던 건 아닌지 조금은 후회스러웠다.

때늦은 오후의 한나절. 회색으로 치장된 아파트의 긴 그림자 속으로 한줄기 스산한 바람이 훅하고 들어왔다.

• 질 보겠습니다

십오 년 정도가 지나면 인간의 수명이 100세에 육박한단다. 그런데 무조건 오래 산다고 좋은 것일까. 생각이 거기까지 미치자 갑자기 눈앞이 깜깜해진다. 내 나이 이제 오십 대, 그렇다면 자못 심각한 게 아닌가. 인생의 반을 살았을 뿐인데 저물어져 가는 기억에 심각한 건망증까지, 앞으로 소리죽여 가슴속으로 울어야 할 날이 훨씬 더 많아지지 않을까.

구두를 신으려다 멈칫한다. 신발장 거울에 비친 오른쪽 뺨에 미세한 낙인이 거미줄처럼 찍혀서다.

"어, 이게 뭐지?"

실의 굵기만큼 도드라지거나 들어간 모양이 고스란하다. 출근 시간에 여유가 있어 머리카락이 흐트러지지 않도록 옆으로 잠시 누웠던 게 원인이다. 베갯잇이 코르덴이라 피부가 짓눌러져 생긴 문양이었다.

선명한 자국을 무시하고 시내버스를 탈 순 없다. 세면장에 들어가 응급조치를 취한다. 찬물로 얼굴을 훔치고 마사지하듯 두드려보지만 별로 소용없다. 이번엔 방법을 바꿔 따뜻한 물로 대신하지만 역시나 마찬가지다. 피부의 노화로 탄력이 줄어든 탓인지 한번 만들어진 모양은 쉬이 없어지질 않는다.

아침에 일어나면 입가에 엷은 얼룩이 있을 때가 더러 있다. 늦은 밤과 새벽에 잠이 들었어도 깊은 수면 대신 일찍 깰 때가 더 많다. 그 대신 웬만해선 피곤한 줄 몰랐던 몸이 소파와 침대에 잠시 기대기라도 하면 온몸에 피로물질이 일시에 달려들어 꼼짝을 못하게 만든다.

사진 한 장으로 마음이 상할 때도 있었다. 관광버스 속에서 누가 바깥 경치를 찍었는데 내 왼쪽 뺨이 거기에 찍혔었다. 촬영자의 의도와 상관없이 뺨과 귀 사이로 수직으로 늘어진 두서너 개의 주름이 클로즈업되었다. 젊은이 못지않게 피부가 탄력적이라 믿었던 나로서는 아닌 밤중에 홍두깨다. 수시로 거울을 들여다보면서 스스로 만족하려고만 했을 뿐 세세히 살피지 못했던 게 배신으로 다가온 것이다.

삼십여 년 이상 산을 헤집고 다녔다. 일주일에 몇 번씩 산을 오르면서도 그 흔하다는 선크림 한번 바른 적이 없었다. 그러면서도 나의 피부가 정상일 거라고 믿은 나의 무지가 빚은 참극이었는지도 모른다.

아주 민망했던 일이 그저께 있었다. 인터넷을 유영하다 어떤 여자분과 친구를 맺었는데 거기서 빚어진 일이다. 블로그에 글과 사진을 올리고 댓글을 주고받다 보니 친숙해졌고, 내가 글을 쓴다는 걸 알게 된 그녀가 어느 날 택배로 선물을 보내왔다. 자신이 손수 만든 한 권의 노트와 작가 메모첩, 그리고 책이었다.

생각지도 못했던 선물이라 그냥 지나치기가 어려웠다. 그래서 고마운 마음도 전할 겸 카카오톡을 신청하게 되었다.

"안녕하세요. 카톡은 처음이죠?"

"네, 그러네요."

"생각지도 않았던 선물을 보내주어 너무 감사합니다."

"뭘요. 보잘것없는데요. 글을 쓰시는 데 도움이 되었으면 합니다."

그런데 그때까지만 해도 조용하던 사무실 전화기가 갑자기 울려댔다. 그렇다고 금방 연결된 카톡을 끊기도 어려워 전화를 받으면서도 톡은 계속되었다. 그런데 한 차례 답례 음이 들리는가 싶더니 이내 조용해졌다.

전화를 끊고서 그녀가 보낸 답례 음을 급히 확인해보았다.

"!!!! ????"

순간 뭔가 잘못되었다는 느낌이 강해 내가 마지막 보낸 문자를 찾아본다.

"질 보겠습니다."

헉!!, "잘 보겠습니다."라고 보낸다는 게 그만 오타가 난 것이다. 톡의 글씨가 작고 전화 중이라 제대로 확인하지 못했던 게 원인이었다.

마음은 여전히 한창인데도 오래 참았다는 듯 온몸 구석구석에서 파열음을 낸다. 고장난 카메라 렌즈처럼 눈앞의 사물과 글자가 흐릿해지는가 하면, 항문의 조임이 느슨해져서인지 시도 때도 없이 방귀가 잦아진다. 머리카락 숫자가 줄어들며 가늘어지고 긴 가뭄 끝의 농작물처럼 듬성듬성해 곧 바닥을 드러낼 지경이다.

그때 바로 눈치를 채야 했다. 팔을 길게 뻗거나 늘어뜨려야 핸드폰 글자가 보인다는 친구들도 비웃지 말았어야 했다. 그것이 부메랑이 되어 지금 내게로 복수로 돌아온 것일 수도 있다.

사무실 문을 열고 들어서니 실내 공기가 서늘하다. 전날 에어컨을 끄고 퇴근한다는 것을 깜박한 것이다. 며칠 전 과음 후 핸드폰을 잃어버린 것도 그 연장선이다. 그나마 다행인 것은 다른 분들에게 큰 피해를 주지 않았다는 것뿐이다.

아랫도리가 시원하거나 허전할 때가 더러 있다. 주로 출퇴근을 하거나 화장실에 다녀오고 난 후의 일이다. 그럴 때마다 바지의 대문을 확인하면 지퍼가 내려져 있거나 입을 삐죽이 벌리고 있다. 출퇴근 시 버스 안에서 가장 선호하는 자리가 제일 뒷좌석의 한가운데고 보면 이야기는 사뭇 달라진다.

나는 주로 가방을 들고 다닌다. 글을 쓰는 사람이라 책을 넣어 다니고 여행 영업을 하기 위해 자료를 넣어 다닌다고 생각하겠지만 꼭 그런 것만은 아니다. 남들이 모르는 비밀이 하나 있다면 그것은 가방의 용도다. 좌석에 앉으면 제일 먼저 가방을 눕혀 두 다리 위에 놓는다. 행여 지퍼를 올리지 않아 발생할지도 모를 치명적 실수를 미리 방지하기 위한 눈물겨운 처방이라고나 할까.

9월의 말미인데도 바깥공기가 여전히 뜨겁다. 절기상으로는 완연한 가을인데도 그토록 갈망하던 절정의 계절 가을 모습은 전혀 느껴지지 않는다. 이 모두가 나이가 들수록 사는 게 점점 더 빡빡해지고 사계마저 불투명해지는 수상한 21세기라 그런 건 아닐까.

그렇다고 세상이 모두 절망적인 건 아닐 것이다. 철 지난 늦가을 11월에 진달래가 피는가 하면 오십하나에 첫 장가를 들어 새로 인생을 설계하는 후배도 있다. 장가를 드는 그가 내 마음을 얼마나 알까마는 진심으로 축하해 주기 위해 예식장으로 발걸음을 옮긴다. 두 시간이나 지났는데도 베개 자국 희미한 얼굴을 들고서 말이다.

제3부 (하루에 두 번)

하루에 두 번 / 몸주 / 버스 속에서 / 껌을 버리려다 / 의자

잔인한 달, 시월 / 철 지난 장마 / 블로그 단상 / 품격있는 산악회

포토샵을 하다보면

• 하루에 두 번

그냥 이대로 후회할까. 아니면 더한 후회를 하더라도 한 번 더 다녀올까. 결심이 서기까지는 그리 많은 시간이 걸리지 않았다. 모든 것은 나의 탓, 그 누구도 원망할 수가 없다. 아내에게 사실 그대로 고하고 아파트 주차장으로 향했다.

눈이 시리도록 파란 바다였다. 거제도라는 지역적 특색이 가져다주는 더없는 축복이기도 했다. 이름하여 망치산, 삼십여 년 이상 산하를 돌아다녔어도 처음 들어보는 산 이름으로 마치 첫사랑에 대한 갈망처럼 묘한 흥분을 불러일으켰다. 가끔 이름 없는 산들이 가져다주었던 실망감은 산정을 오를 때부터 사라져 버렸다. 탁 트인 사면팔방의 조망에 부러울 게 뭐 있으랴 싶은 곳이었다.

산은 언제나 편파적이지 않다. 양이 있으면 음이 있고, 즐거움이 있으면 괴로움도 있다. 그것을 단적으로 드러내 주는 것이 등산이다. 오름길이 있으면 내림길이 있고, 양탄자를 깐 융단 같은 등산로가 있는가 하면 야생처럼 거친 등산로도 있다.

망치산도 그런 산이었다. 정상에서 또 다른 산, 망봉산을 찾아가는 길목은 가시덤불이었지만 백여 미터를 넘어서자 오솔길이었다. 꼭꼭 숨겨져 있던 드넓은 편백 숲을 지날 때는 보물이라도 발견한 듯 콧노래가 흘러나왔으나 뒷산을 넘어서면서 분위기가 완전히 바뀌었다. 섣달 열흘이나 사람의 흔적이 끊어진 것인지 등산로는 사라졌고 우거진 숲들이 방향감각마저 잃게 만들어 한참이나 헤매었다.

개척하다시피 숲을 헤쳐 내려오니 2차로 도로였다. 사등리에서 통영으로 가는 '지석로'였다. 그 지루한 도로를 얼마를 더 걸어야 목적지일까. 사전의 정보에는 등산 시간이 세 시간 정도라 했는데 벌써 4시간이 지나가고 있었다. 산불감시원에게 얼마를 더 걸어야 하느냐고 물었더니 한 시간 이상이라고 엄포를 놓았다. 때마침 통영으로 가는 택시가 있어 세웠더니 이미 손님이 타고 있었다. 가는 길에 지석마을 가장 가까운 곳에 내려달라고 사정을 하고 합승을 부탁했다.

택시에서 내려서도 20분을 더 걸었다. 지석마을 산중턱의 명성암까지는 가파른 임도라 조금 더 수월하게 등산을 하기 위해 오전에 임도 중간지점까지 차로 올랐었다. 우측의 조그마한 공터에 주차하고 등산을 시작했었는데 그곳에 도착하니 15시 15분이었다. 10시에 등산을 시작했으니 다섯 시간 정도가 걸린 셈이었다. 경유 차량이라 시동을 걸어 예열을 시킨 다음 배낭을 싣고 일행들이 기다리는 곳으로 향했다.

저녁 6시 무렵 대구에 도착했다. 그런데 산행 중에 다리가 불편했던 일행 한 분이 너무 일찍 도착했다고 저녁을 사겠다는 것이다. 추어탕에 미꾸라지튀김까지 신세를 지고 나니 그냥 보낼 수가 없었다. 일행들 집 가까이 모두 다 내려주고 집에 도착하니 아파트에 주차할 공간이 없다. 몇 바퀴를 더 돌고 나서야 겨우 주차하였는데 이번에는 카메라가 보이지 않았다. 최고급은 아니지만 망원 렌즈까지 포함하면 이백여만 원에 달하는 DSLR 카메라였다.

그런데 아무리 생각해도 카메라를 잃은 시점이 불분명했다. 산속에서 잃은 것인지 택시에 두고 내린 것인지 도무지 알 수가 없었다. 우선은 등산을 같이했던 분에게 전화를 걸었다. 거제도에서 내가 탔던 택시가 개인택시인지 법인택시인지 알기 위해서였다. 그랬더니 그분도 모르겠다면서 차량의 색깔이 검은 것만 기억하고 있었다. 통영과 거제도의 개인택시연합회에 전화해보려다가 그만두었다. 가만히 생각해보니 택시에 두고 내린 것 같지는 않았었다.

짚이는 곳이 한 군데 있었다. 차를 주차해 놓았던 장소였다. 그런데 문제는 차 옆에 배낭을 내려놓고 시동을 걸었던 것은 기억이 나는데, 카메라도 같이 내려놓았는지가 아리송했다. 그곳을 출발한 지 벌써 다섯 시간이나 지났다. 불확실한 기억에, 카메라를 두고 왔다고 해도 그 자리에 있을 확률은 거의 제로였다. 절을 오르내리던 차량이 있었던 데다 망치산에서 몇 사람의 등산객들도 만나지 않았던가.

망치산이란 산 이름이 가져다 주는 강렬함 때문일까. 마치 망치에 맞은 것처럼 머리가 띵하다. 부지런히 운전해도 거제도까지는 두 시간 이상이 걸린다. 다시 한 번 더 그 길을, 다녀올 생각만으로도 피로가 배가 되는 느낌이다.

쉬지 않고 운전을 했다. 고속도로의 졸음 쉼터에서 소변을 보기 위해 1분간 정차한 것이 전부다. 통영을 지날 때부터 차량의 숫자가 줄어들더니 언제부터인가 한 대의 차량이 꽁무니에서 떨어지지를 않는다. 우연의 일치라고 생각했는데 차가 오르기 어려운 명성암 오름길까지 계속 따라붙는 것이다.

드디어 오전에 주차한 장소에 도착했다. 뒤따르던 차가 그대로 지나치는 걸로 보아서는 스님이거나 절에 거주하는 분의 차량임이 분명했다. 그때 앞쪽에 뭔가 시커먼 물체가 보인다. 차에서 내려 확인해보니 눈에 익은 물건이다. 솔가리 위에 내 카메라가 뒤로 나자빠진 것처럼 떨어져 있는 게 아닌가. 단 몇 분만 더 늦었더라면 내 카메라는 어떻게 되었을까. 나도 모르게 긴 안도의 한숨이 저절로 새어 나왔다.

스마트 폰으로 인증사진을 찍었다. 그리고는 등산을 같이했던 분들과 아내에게 톡으로 전송을 했다. 차를 타고서 올라오면 모를까, 사람이 걸어서 오르기에는 다소 버거운 오름길이라 카메라가 그 자리에 계속 떨어져 있었던 건지도 모른다. 그렇지 않았다면 기적과도 같은 이런 행운이 내게 주어졌을 리가 없다.

360km가 넘는 거리를, 하루에 두 번이나 운전하면서 다녀온다는 게 그리 쉽지는 않다. 그것도 똑같은 장소를, 등산을 마치고 집으로 돌아온 다음 또다시 다녀오는 건 더더욱 그렇다. 그래도 그것이 가능했던 이유는 단 한 가지다. 실오라기보다도 더 가늘긴 했지만, 희망이란 끈이 보였기에 가능했는지도 모른다.

경제도 엉망이고 살기가 너무 빠듯해졌다는 요즈음이다. 자정이 넘은 시간에 집으로 돌아오며 밤하늘을 한번 물끄러미 쳐다본다. 별빛이 반짝이는 걸 보니, 어쩌면 오늘은 어제보다 훨씬 더 푸르른 하늘이 펼쳐질지도 모르겠다.

• 몸주(身主)

북소리가 밤하늘에 울려 퍼졌다. 섬뜩한 칼을 쥔 여인의 몸짓과 주문에 댓잎마저 부르르 떨며 흔들렸다. 마치 누군가가 일부러 쥐고 흔드는 것처럼. 대나무를 쥔 여인의 얼굴이 붉게 달아오르자 징과 북이 어울린 소리는 점점 더 강해졌다. 깜깜한 밤이 이슬에 완전히 젖었을 무렵에야 의식은 비로소 끝이 났다.

며칠 후였다. 바지랑대보다도 더 키가 큰 대나무가 늙은 대추나무 옆에 묶였다. 시름시름 앓으셨던 엄마의 얼굴에 화색이 돌았고 누런 고름이 오줌 줄기처럼 뿜어져 나왔던 오른쪽 엉덩이의 화농(化膿)도 차츰 아물어갔다. 사랑채에는 신단(神壇)이 차려지고 신선을 그린 탱화가 벽에 걸렸다. 그 모든 것이 집안이 완전히 기울어진 다음에 벌어진 일이었다.

나는 어릴 적 개구쟁이였다. 집이 부자인데다 어머니의 사랑을 독차지해서였다. 응석 어린 돌발행동을 자주 저질렀는데 지금도 기억에 남아 있는 게 많다. 어느 날 갑자기 진외가에 한번 갔다 오고 싶었다. 그러나 그곳은 너무 먼 거리, 산과 들녘을 두 시간 이상이나 걸어야 해 초등학교 4학년이 찾아갈 거리는 절대 아니었다.

같은 마을 친구에게 미리 부탁을 했다. 우리 집에 가서 '내가 학교를 마치고 외갓집에 갔다.'고 말해 달라고. 그리곤 정신없이 놀다 보니 그만 날이 저물었다. 외가에 갈 수도 집에 가기도 어려워 같이 놀던 친구네 집으로 가기로 했다. 학교에서 이십여 분 거리에 있는 '돌빼기'라는 마을이었다.

이상한 일이 일어난 건 다음 날이었다. 어스름한 새벽을 뚫고 누군가가 나를 찾아온 것이다.

"여기, 우리 아들 왔지요?"

전혀 생각지 못한 엄마의 목소리였다. 그러나 반가움보다는 궁금증이 더 일었다. 내가 친구의 집에 있다는 걸 엄마는 어떻게 알았던 것일까? 예정에 없이 갑자기 온 것이라 그것을 아는 친구는 아무도 없었다. 거기다 친구네 집은 마을에서 조금 떨어진 외딴집이라 누군가에게 길을 묻지 않고 찾아오기에는 도저히 불가능한 곳이었다.

"엄마! 내가 여기 있는 걸 어떻게 알았어요?"

"다 알지, 할아버지가 말씀해 주셨거든."

"할아버지가요?"

엄마가 말하는 할아버지는 포은 선생을 말함이다. 그러나 그 말은 전혀 믿기지 않았다. 포은 선생이 비록 우리 마을에서 태어나긴 했지만 이미 500여 년 전이고 엄마와는 아무런 연관이 없어서였다.

그런 어머니에게는 알 수 없는 힘이 있었다. 당신의 몸무게보다도 두서너 배나 더 크고 무거운 짐을 이고 산자락을 오르내리셨다. 아까시 열매를 따 집에서 말린 다음 씨앗을 추출하기 위해서였다. 아무리 자식 공부를 시키기 위한 감수라고는 하지만 미숫가루 몇 술과 찬물로 허기를 달래고 그런 힘을 낼 수 있다는 건 불가사의하기도 했다.

그 어머니가 돌아가신 지 벌써 오래다. 이제야 어렴풋이 짐작이 가는 건 생전에 어머니가 지독한 신병(神病)을 앓았다는 것이다. 무릇 신병이란 무당이나 박수가 되기 전에 신에 접하여 앓는 병을 말한다. 그리고 그것을 거부하면 그 자신이나 집안에 엄청난 고통과 불행이 따른다고 전해지기도 한다.

어머니에게는 참으로 많은 일이 일어났다. 어린 나이에 가난을 덜려고 시집을 갔지만 아들 하나를 낳고 남편과 사별했다. 그러다 아버지의 재취로 시집을 와 딸 하나와 아들을 낳았지만 데리고 온 아들을 하늘나라로 보내야 했다. 마을에서 가장 부자였던 집안이 완전히 기울고 당신의 몸이 알 수 없는 병으로 만신창이가 되고서야 내림굿을 하고 몸주를 받았다고 한다.

몸주는 무당이 무병(巫病)을 앓을 때 강신하는 신이다. 영력을 처음으로 내려주는 분으로 무당이 굿을 하거나 점을 칠 때 죽은 사람을 대신해 말을 전해주거나 길흉화복을 예언해 주기도 한다. 그런데 신은 대부분 살아계실 때 억울하게 돌아가신 분들이 많다고 한다. 그중 가장 대표적인 분이 단종으로, 사약을 강제로 마시고 자신과 아무런 연관이 없는 태백산 산신령으로 화했다는 것이다. 어머니가 생전에 그토록 말씀하시고 신봉하던 포은도 그런 이유로 어머니의 몸주가 되었다고 한다.

언젠가부터 심심치 않은 일이 내게 가끔 일어났다. 행사가 잡혔을 때 비가 내린다는 곳으로 가면 비가 내리지 않거나 등산을 마칠 때까지 기다려준다. 그리고 버스가 출발하면 마치 기다렸다는 듯 비가 쏟아진다. 그렇다고 꼭 좋은 일만 일어나는 건 아니다. 정말로 바라고 소망하는 것들은 절대 들어주지 않는다. 가장 대표적인 것이 돈으로, 아무리 소원하고 노력해도 겨우 먹고살 정도만 허락한다.

그러나 이제는 그 욕심마저도 버려야 될지 모른다. 얼마 전 한 야산에서 허망한 죽음을 맞이한 누군가의 생애가 참 많은 것을 생각하게 했다. 그는 그룹의 창업주 겸 총수였고, 교회와 교구를 관리하며 예배를 인도한 종교 지도자였다. 하지만 그는 이제 많은 사람들을 죽음으로 내몰았던 원흉이 되었고, 자신의 종교를 사리사욕을 채우기 위한 도구로 이용한 부도덕한 목회자가 되고 말았다.

성직자는 자신이 모시는 분의 말씀을 신도들에게 대신 전하는 사람들이다. 그리고 무당은 나라와 사람들을 위해 길흉을 점치고 굿을 하며 몸주의 말을 대신 전한다. 그렇게 보면 그들은 모두 넓은 의미로는 메신저(messenger)다. 단 어떤 분을 모시고 어떻게 말씀을 전하느냐의 차이일 뿐이다.

차창 밖을 내다보니 하늘이 잔뜩 흐려있다. 금방이라도 비가 쏟아질 기세다. 그러나 그다지 걱정이 되진 않는다.

버스 안에 비치된 마이크를 잡는다.

"오늘 비 소식 있습니다. 날씨가 흐려 염려가 되겠지만 걱정하지 않으셔도 됩니다. 어떡하던지 제가 등산을 마칠 때까지 비를 한번 멈춰 보겠습니다. 알고 계시겠지만 제가 신을 모시던 분의 자식이거든요."

• 버스 속에서

며칠 전 출근길이었다. 버스 좌석이 여유로워도 내가 선호하는 자리는 이미 정해져 있다. 제일 뒤 좌석의 가운데나 모서리 부분이다.

몇 정거장이나 지났을까, 앞쪽이 소란스러워지더니 60대 중반의 할머니 대여섯 명이 우르르 몰려 탔다. 러시아워 시간이라 빈 좌석이 남았을 리 없다. 실망한 듯 이리저리 살피던 할머니 한 분이 갑자기 큰 소리로 언성을 높였다. 그들 중에서 가장 나이가 적게 보이는 할머니였다.

"젊은 사람들, 좀 일어나 보소. 다리 불편한 늙은 할마이들 좀 앉아 가구로!"

너무도 노골적이고 당당한 외침이라 모든 눈길이 그쪽으로 향했다. 바로 앞쪽에 앉아있던 사십 대 초반의 주부는 어쩔 줄 몰라 한다. 얼떨결에 좌석에서 일어나긴 했지만 양보할 기회마저 잃어버린 채 귀밑까지 빨개져 버렸다.

"형님, 여기 자리 있구마! 여기 와서 앉으소."

소리친 할머니가 일행들을 배려라도 하듯 큰 소리로 불러 좌석에다 앉힌다. 미리 좌석에 앉아있는 어정쩡한 사오십 대들도 난감하긴 마찬가지다. 버스 안의 분위기는 이미 한쪽으로 치우쳐 버렸고 모르는 척 눈감고 앉아있다가는 아비도 어미도 모르는 후레자식으로 매도당할 처지다. 점령군처럼 등장한 그들 모두가 자리에 다 앉고서야 비로소 차내가 조용해졌다.

그런데 그 소동에도 꼿꼿하게 좌석을 고수하는 청년이 있었다. 핸드폰으로 통화를 하며 마치 먼 나라의 얘기처럼 신경도 쓰지 않는다. 순간 왜 그렇게 그 젊은이가 당당하고 용기 있게 보였을까. 경로효친에는 반할지 모르지만, 꼭 일어서야 할 이유는 솔직히 없는 게 아닌가.

나이에 따라 피곤함이 달라지고 구분이 된다고는 생각지 않는다. 매일 쳇바퀴처럼 돌아가는 일상이고 보면 현대인들은 누구나 긴장의 연속이다. 학생들이라고 예외일까. 인성이 채 생성되기도 전에 수많은 경쟁 속으로 내몰려 살아남으려면 남들보다 덜 자고 더 많이 노력하고 뛰어야만 이길 수 있는 세상이 되어 버렸다.

뒷좌석은 젊은이들이 선호하는 자리다. 그들이 굳이 앞자리를 마다하고 뒤쪽으로 가서 앉음은 무슨 이유일까. 사람들의 시선에서 상대적으로 더 자유롭고 덜 불편한 자리에서 아무런 간섭 없이 잠시나마 편안하게 쉬고 싶다는 무언의 표시는 아닐까.

정해진 것은 없지만 시내버스 속에서도 암묵적인 묵계는 존재한다. 멀미가 심한 사람은 예외지만 노약자들은 앞쪽, 육체적으로 건강한 젊은이들은 뒤쪽이다. 앞쪽에 노약자의 좌석을 배치함은 심신이 나약한 자를 배려함이고, 앞쪽 빈 좌석을 남겨두고 젊은이들이 굳이 뒤쪽으로 가서 앉음은 나이 든 어른들을 공경함이다.

그런데 그 배려를 충분히 이해하는 어른들은 얼마나 될까. 간혹 걷기도 불편한 노인들이 굳이 앞쪽의 좌석을 외면하고 뒤쪽으로 가는 경우가 더러 있다. 그럴 때 뒷좌석에 미리 자리를 정했던 젊은이들은 상당히 불편해한다. 거기다 빈자리라도 생기면 다른 사람이 앉을 기회를 차단하고 앞 좌석의 일행들을 불러 굳이 앉히는 사례도 있다.

얼마 전 버스 안에서 젊은이에게 자리를 양보한 할머니가 화제였다. 꽉 찬 승객들로 이리 치이고 저리 치이는 퇴근길에서, 고무줄처럼 버스가 늘어나는 상황 속에서 벌어진 일이라 더했는지도 모른다.

나중에 할머니가 자리를 양보한 이유가 밝혀졌다. 젊은 사람들이 애써 힘들여 번 돈에서, 세금으로 먹고사는 노인이라 돈을 버는 젊은이에게 자리를 양보하고 싶었다는 것이다. 수많은 댓글이 달렸는데 그중에는 다소 씁쓸하다는 내용도 있었지만 대부분 노인에게 진정으로 박수를 보내는 분들이 더 많았다고 한다.

노인이라고 무조건 양보만 받는 시대는 지났다. 그것을 대변하듯 새로운 생각과 행동들이 우리 사회 곳곳에서 터져 나오고 있다. 사회적으로 유명한 여든의 모 학원 이사장은 썩은 정치인과 나잇값 못하는 노인 세대에 대해 젊은이들에게 이런 말을 전했다고 한다.

"노인들이 저 모양이란 걸 잘 봐둬라. 물론 저들도 처음부터 썩진 않았지. 그렇지만 우리 모두를 위해 노인 세대를 절대 봐주지 마라."

뼈아픈 말이지만 자기 껍질을 못 깨고 꼴사나워진 노인들을 절대 잊지 말라는 뜻으로 한 말이었다고 한다.

하루가 다르게 변하는 세상이다. 사람의 평균수명도 100세가 멀지 않았다. 그래서 그런지 '어모털리티(Amortality)' '어모털족(amortals)'이라는 신조어가 뜨고 있다. 《타임》지의 편집장을 지낸 '캐서린 메이어'가 만든 말로 신체 나이와는 상관없이 마음의 젊음을 유지하는 사람들, 정체되지 않고 죽을 때까지 나이를 잊고 살아가는 사람들을 뜻한다. 96세로 숨질 때까지 왕성한 저작 활동을 한 현대 경영학의 창시자 피터 드러커(Peter Drucker)는 그래서 더 유명해졌는지도 모른다.

언제부턴지 시내버스 노약자 좌석이 늘 차 있다. 젊은이들이 노약자들을 배려하지 않고 그 자리를 차지해서가 아니다. 그만큼 우리 사회가 고령화 시대로 접어들었음을 뜻하는 것이다. 삼 십여 년이 더 지나면 전 세계 인구 10명 중 4명이 60세를 넘어선다니 나이가 들면 어떻게 살아야 하는지 지금부터 미리 고민 해야 할 시점이 아닐까.

오늘도 나는 버스를 탄다. 퇴근 시간이라 예외 없이 버스는 만원이지만 나는 당당히 뒤쪽으로 간다. 여느 사람들처럼 자리를 양보받기 위해서가 아니라 혼자서 씩씩하게 목적지까지 서서 갈 자신과 체력이 남아 있는 오십 대라서 그렇다. 그러나 세상이 꼭 내가 마음먹은 대로 보여지고 굴러가진 않는가 보다. 뒷좌석에서 한 여학생의 목소리가 들린다.

"할아버지, 이쪽으로 오세요."

• 껌을 버리려다

황혼이 내린 도심의 거리가 쓸쓸하다. 자동차의 불빛과 네온사인이 내리비치는 도로의 바닥과 임도에는 검은 얼룩들이 유난하다. 껌을 씹고 난 후 사람들이 무심코 버린 껌딱지들이다. 그런데 그것을 바라보고 있자니 왠지 가슴이 답답해진다.

파란 하늘이 눈부시게 맑은 날이었다. TV에서나 본 것 같은 멋진 경치가 노파의 눈앞에 차례로 펼쳐졌다. 구름을 타고 하늘을 날았다던 손오공의 기분이 그러지 않았을까. 세상은 역시 오래 살고 볼 일이라는 말이 저절로 실감이 났다. 그렇게 말썽을 부렸던 아들이 늙은 어미를 모시고 해외여행에 나설 줄이야, 동화 속 같은 호텔이 마치 궁궐 같아 볼이라도 꼬집고 싶은 심정이었다.

어제 같은 날이 다시 밝았다. 오늘은 어떤 전경이 펼쳐질지 노파는 벌써 궁금해졌다. 구경할 게 너무 많다는 아들을 따라 호텔을 빠져나왔을 때 하늘은 유난히 더 푸르렀다. 그런데 공원에 도착한 아들이 갑자기 정색했다.

"엄마, 여기 잠깐만 계세요. 호텔에 지갑을 두고 와 찾아올 테니 꼼짝 말고 기다리세요!"

한 시간 두 시간 세 시간, 시간은 그렇게 흘러갔다. 그러나 끝내 아들은 돌아오지 않았다. 먼 이국땅 말도 통하지 않는 낯선 곳에서 노파는 버려졌고, 아들은 그때 벌써 서울의 땅을 밟고 있었다.

몇 해 전 외국에서 유기된 어느 할머니의 슬픈 이야기다. 언론의 먹잇감이 되어 많은 사람에게 공분을 일으켰지만, 대부분은 노파가 배운 것이 없고 어눌해서 그런 일을 당했다고만 생각했다. 그러나 많이 배우고 똑똑한 부모들이라고 예외일까. 캐나다에서 일어난 어느 노부부의 이야기가 그것을 반증했다.

결혼해서 이민을 떠났던 딸이 부모에게 전화했다. 남은 생을 편안히 모실 테니 전 재산을 팔아 캐나다로 들어오라고 종용한 것이다. 기력이 떨어지면 점점 외로워지고 누군가에게 의지하고 싶은 법, 하물며 자신들이 낳아 공부시키고 시집까지 보냈는데 어련하겠는가. 노부부는 모든 재산을 정리해 캐나다로 들어갔고 살갑게 맞아주는 딸을 보며 들어가길 잘했다고 생각했다.

그러나 딱 거기까지였다. 몇 번의 의견충돌이 있자 딸은 전 재산을 팔아 야반도주를 했다. 졸지에 불법체류자가 되어 버린 노부부는 망연자실했고 그 충격으로 할머니는 병까지 얻었다고 한다. 할아버지는 할머니 치료비를 마련하려고 길거리에서 빈 깡통을 줍고 있었고 부모를 버린 딸은 끝끝내 부모를 외면했다고 한다.

두 가지 다 늙고 병든 부모를 외국에 버린 사례들이다. 그러나 그것과는 조금 다른 황당한 일이 국내서 일어났다. 삼 남매가 지병으로 돌아가신 어머니를 병원 영안실에다 버리고 부조금을 챙기고 달아났다는 것이다. 장례식장 측에서는 몇 번이나 자식들과 연락을 시도했지만 아무도 전화를 받지 않아 시신을 영안실에다 그대로 두고 있다는 것이다.

그러한 사례들이 꼭 우리나라에만 있는 것은 아닌 모양이다. 유교적 성향이 강한 이웃 나라도 마찬가지라고 한다. 오죽했으면 나라에서 자식이 부모를 바르게 모시지 않으면 부모가 법원에다 자식에게 부양비를 요구할 수 있도록 법률로 만들었을까. 불응하면 벌금이나 징역형까지 처하고, 돌보지 않고 소홀히 하지 못하도록 의무화까지 했다고는 하지만 그것이 과연 언제까지 유지될지는 솔직히 의문이다.

우리나라 노령인구는 약 오백만 명을 넘었다. 해마다 자식들의 학대로 고통을 받는 사례는 삼천 건이 넘고, 그중 이십 프로는 자식들에게 버려지거나 방치되고 있다고 한다. 그런데 한 가지 재미있는 것은 부모의 소득이 높을수록 자녀와 만나는 횟수가 많아지고 버려지지 않는다는 것이다.

언제 버려질지도 모를 공포감에서 산다는 건 스트레스다. 거기다 나이 들어 몸마저 성하지 못한다면 얼마나 더 고통스러울까. “돈이 없다면 자식 농사를 잘 지어야 하고, 세수를 누리는 그날까지 아프지 말고 건강하게 살아야 한다.”는 말이 괜히 생긴 게 아닐 것이다. 그래서인지 요즘 이른 아침부터 등산화 끈을 고쳐 매고 산을 오르는 노인들이 부쩍 많아졌다.

거기에 발맞추어 우리나라 국회에서도 허접한 법률 하나를 발의했다. 무주택 상태에서 부모와 십 년 이상 동거한 자녀는 집을 물려받을 때 집값 중 5억 원까지는 상속세를 백 프로 면제해 준다는 것이다.

껌의 용도가 벌써 다했던 것일까. 처음엔 부드러웠지만, 단물이 다 빠졌는지 딱딱해져 버렸다. 그래서 나도 모르게 무심코 길거리에 뱉으려다 멈칫한다. 그래서 씹었던 껌을 다시 종이에 쌌지만, 이번에는 버릴 곳이 영 마땅찮다. 휴지통을 찾으려고 이리저리 두리번거리다가 그만 포기하고 만다.

어느 지자체에서 관내의 껌딱지를 조사한 적이 있었다. 그랬더니 무려 1억 개가 넘었다고 한다. 그런데 더 중요한 건 다른 데 있었다. 그것을 전부 제거하는 데 비용이 엄청나다는 것이다. 새로 사서 씹는 껌의 백 배나 되는 백팔십억 가까이 돈이 든다는 것이다.

껌이 버려진 아스팔트야 미관상 좋지 않으면 새로 포장하거나 폐기물로 걷어내면 그만이다. 그러나 사람들이 많이 다니는 임도와 공공장소는 다르다. 일일이 손으로 수거하거나 약품을 뿌려 제거해야 하는 탓으로 사람들이 많이 동원된다는 것이다. 단물이 빠지면 버려지는 게 껌이다. 누구나 다 그것을 인정하지만, 그 대상이 막상 사람이 되고 보면 이야기는 달라질 수 있다.

"왜 우리가 노인들을 책임져야 하죠?" "사회에 발을 들이기도 전에 부양의 굴레에 저당 잡힌 느낌이다." "세금을 내야 하는 젊은 사람들의 지하철 요금과 버스 요금은 점점 더 오르는데, 공짜로 버스와 전철을 타는 노인들의 자리 요구는 점점 더 심해진다."는 어느 젊은이의 외침이 예사롭지 않다.

지하철과 지상철, 만원 버스에서 노인들에게 자리를 양보하지 않는다고 욕하는 시대는 이제 먼 옛날의 이야기가 되고 말았다.

• 의자

언제부턴가 가슴이 답답했다. 트림이 자주 나오고 소화도 잘 되지 않았다. 어깨가 뻐근하고 온몸까지 뒤틀리더니 급기야는 허리까지 통증이 내려왔다. 원인이 무엇인지 고민하게 되었고 의자가 불편해서 생긴 후유증이란 걸 알게 되었다.

지금의 의자는 사용한 지 10년이 넘었다. 강산도 변한다는 세월인데 의자라고 별수 있겠는가. 교체하기로 마음을 먹고 인터넷 포털 사이트를 검색했다. 8시간 이상 의자에 앉아 일하다 보니 몸이 경직될 때가 많았다. 앉은 상태에서도 상체를 뒤로 젖힐 수 있는 기능성 있는 의자를 선택하기로 했다.

모양은 엇비슷한데 가격은 천차만별이다. 회사와 메이커에 따라 작게는 몇천 원, 다섯 배 이상 차이가 나는 의자도 있다. 마음에 드는 의자를 골라 찜하고 카드로 3개월 무이자 결재를 마쳤다.

6만 원대 중반의 가격으로 배송까지는 3일 정도 걸린다고 한다. 모든 게 빠르고 편리한 세상이라 한 시간도 지나지 않아 출고해 발송했다고 문자로 통보까지 한다. 조금 전 점심시간이 지났으니 빠르면 내일 정도에 의자를 받을 수도 있을 것만 같다.

이튿날 출근해 의자를 기다렸다. 컴퓨터 화면으로 본 모양보다 나을지, 조립은 어떻게 해야 할지 나름 기대도 해본다. 그런데 점심시간이 지났는데도 택배는 오지 않는다. 하긴 내가 선택할 정도의 안목이면 주문이 더 밀렸을 수도 있지 않을까. 온갖 생각이 머리를 스치는 사이 오후 다섯 시가 훌쩍 지나 버렸다.

"띵 똥!!"

핸드폰에서 메시지 도착 음이 들린다. 낯선 번호라 확인하니 의자판매업체에서 보낸 문자다.

"○○의자입니다. 신학기 철이라 주문량 급증으로 인해 배송이 다소 늦어지고 있습니다. 내일과 모레는 공휴일로 인해 월요일에 도착이 될 예정입니다. 불편하시더라도 조금만 기다려 주세요. 죄송합니다. 편안한 주말 되세요. ^&^"

조금은 허탈했지만 어쩔 수 없다. 주문이 많다는 건 그만큼 좋은 제품일 터. 월요일까지 참고 기다려보기로 했다.

드디어 기다리던 월요일이다. 전날 긴 등산을 했던 터라 많이 피곤했지만, 무리해서 일찍 집을 나왔다. 혹시 아침에 배달이 될까 싶어서였다. 그런데 오후 세 시가 지나가는데도 의자는 여전히 배달되지 않는다. 진득하지 못한 성정에 그만 불이 붙고 만다.

"아니, 대한민국이 언제부터 그렇게 넓었나요. 목요일에 배송했다는 물건이 5일이나 되었는데도 배달이 안 된다는 게 말이나 됩니까?"

"죄송합니다. 신학기 철이라 배송이 밀려서…."

"아무리 그렇지만 금요일 날 문자 보낼 때, 토요일과 일요일은 공휴일이라 안 되고 월요일에 받아볼 수 있다고 하셨잖아요? 그럼 보내지도 않은 물건을 보냈다고 거짓말을 한 겁니까?"

"택배회사에 연락하고 체크해 내일은 무조건 오전에 배달하라고 하겠습니다. 죄송합니다."

의자 하나 주문하는 데 일주일이나 걸린다면 누가 의자를 주문하겠느냐며 화가 나 일방적으로 전화를 끊어 버렸다.

의자를 주문한 지 6일째 되는 화요일이다. 만약 오늘까지도 배달이 되지 않는다면, 주문을 취소하리라 마음먹고 기다려보기로 한다. 그런데 점심시간이 지나가도록 감감무소식이다. 참을 만큼 참았지만 급한 성질에 결국 또 먼저 전화를 걸고 만다.

"의자가 아직 안 왔는데 어떻게 된 일이죠? 그리고 먼저 연락을 좀 주시면 안 되나요. 꼭 고객이 답답해서 전화를 걸어야만 합니까?"

한 번 더 확인해보고 전화를 주겠다고 했지만, 이제는 그마저도 미덥지 않다. 그로부터 30분 후 전화 통보 대신에 주문한 의자가 먼저 배달되었다.

누가 고생 끝에 낙이라고 했을까. 기대가 크면 실망도 크다더니 배달된 의자는 즐거움 대신에 한숨만 푹푹 내쉬게 만든다. 그렇다고 이제 와 누구를 원망하겠는가. 선택도 주문도 내가 했으니 모든 것은 고스란히 나의 몫이다. 좀더 진중하게 색상을 체크하고 구성된 부품과 디자인을 대비해 확인했더라면 지금의 결과를 초래하진 않았을 것이다.

속상하고 후회스러운 마음에 조립한 의자에 앉아 몸을 뒤로 한껏 젖혀본다. 그리고 눈을 감고 지나간 일을 찬찬히 되짚어본다. 순간 번쩍 스치는 생각이 하나 있다. 의자를 주문하고 조립을 마칠 때까지 과정이 마치 한 편의 글을 쓰는 것과 같지 않은가. 완성된 의자가 한 편의 수필이라면 주문과 배달, 조립까지의 과정이 스토리가 되고, 의자를 구성하는 재료와 부품이 단어와 문장, 단락이 될 수도 있는 것이다. 그렇게 보면 색상과 디자인은 문장을 더욱 돋보이게 만드는 묘사나 표현이 되는 게 아닐까.

주문할 때 모니터 화면 속의 의자는 분명히 좋아 보였다. 그러나 막상 조립을 끝내고 나니 생각했던 것보다 제품이 훨씬 못하다. 글쓰기라고 별반 다를까. 아무리 좋은 소재와 이야기라도 제대로 된 단어와 문장을 배치하고 단락을 구성하지 못하면 실망스러운 작품이 되고 말 것이 아닌가.

수필을 쓴 지 10여 년이 넘었다. 나름대로 열심히 배우고 최선의 노력을 다했다고 자부는 하지만 좋은 작품이 잘 써지지 않는다. 그렇다고 이제 와 포기하고 실망한 채 손을 놓고만 있을 수는 없다. 그런데 다른 한쪽으론 반성의 생각도 없지 않다. 적은 돈을 들여 장만하면서 좋은 의자이기를 바랐던 것처럼, 제대로 쓰고 표현하려는 노력도 없이 좋은 작품을 기대했던 것은 아닌지 돌아보게 되는 것이다.

생각했던 것보다 의자가 못해도 어쩌랴. 이미 엎질러진 물이다. 대신 그 의자에 앉아 열심히 일하고 두고두고 회자될 만한 좋은 작품을 쓰면 될 게 아닌가. 의자를 당겨 책상 앞으로 다가선다. 마지막 반전을 꿈꾸기 위해서다. 그러나 이상은 가까우나 현실은 늘 멀기만 하다. 어느 시점에서 어떻게 글을 써야 할까, 벌써 앞이 깜깜해 온다.

• 잔인한 달, 시월

인생사 생각하기 나름일까. 유행가 한 구절이 문득 생각났다. "님이라는 글자에 점 하나를 찍으면~ 도로 남이 되는 장난 같은 인생사"라는. 그 가사를 지나간 달 시월에 한 번 부여해 보고 싶었다. 그러면 정말 결실의 달, 시월이 잔인한 달, 사월로 바뀔 수도 있는 것일까.

5개월여 전이다. 서해의 최북단 백령도 행사가 들어왔다. 몇 군데 여행사를 거쳐 내게 행사가 들어온 걸 보니 힘들거나 많은 이윤을 추구하기 어려운 행사임이 분명했다. 아니나 다를까, 여행 최성수기인 시월의 마지막 주 1박 2일의 주말 행사였다. 단체인 데다가 좌석 확보가 어려운 주말이라 미리 준비를 서둘러야만 했다.

행사는 난관의 연속이었다. 마치 전쟁을 치르는 기분이 들었다. 제일 먼저 승선 명부가 필요했다. 이름과 생년월일, 남녀 성비, 전화번호가 있어야만 승선권을 확보할 수 있다. 45명의 명단을 어렵사리 제출은 했지만, 워낙 뜨거운 날이라 그런지 겨우 40명만 확약해 주었다. 잦은 인원의 변동과 명단 교체가 많은 단체라 늦어도 9월 말까지는 정식 명단을 넘겨주기로 약속을 했다.

출발일을 열흘 앞두고도 우여곡절이 있었다. 추가로 가겠다는 사람이 많아 거짓으로 읍소를 하며 다섯 장의 표를 더 구했지만, 막상 표를 구하고 나니 취소자가 더 많아지는 엇박자가 생겼다. 그런데 중요한 건 다른 데 있었다. 출발일이 얼마 남지 않았는데도 여행경비를 보내 달라고 하지 않았다. 그래서인지 행사를 의뢰한 단체에서 괜한 의심의 눈초리도 있었다.

일기예보가 문제였다. 중기 해상 예보에 출발일의 파도가 1에서 3미터 정도였다. 중형의 연안여객선은 파도가 2미터 50센티 이상이면 운항을 하지 않는다. 출발 전날인 금요일과 돌아올 예정인 일요일에는 파도가 잔잔한데, 하필이면 들어가야 하는 토요일에 파도가 높아진단다.

그때부터 작은 기도를 시작했다. 사무실에 출근하면 냉수를 떠다 놓고 행사가 무사히 잘 진행될 수 있도록 도와 달라고 빌고 나서 업무를 시작했다. 그러기를 일주일여, 출발일을 사흘 앞두고 일일 예보에 파도가 0.5미터에서 2미터 정도라고 떴다. 참으로 다행이었다. 그동안 열심히 기도한 보람이 있는 것만 같아 앞으로는 매일 기도를 해야겠다고 마음속으로 다짐도 했다.

금요일이었다. 출발이 최종 확정되어 송금을 완료했다. 여객선 출발은 토요일 오전 7시 30분, 인천 부두에 도착해 아침 식사까지 마치려면 대구에서는 적어도 새벽 2시 정도에는 출발해야만 했다. 출발 예정 시간을 9시간 정도 앞두고 사무실을 나섰다. 이번 행사를 적극적으로 지원해준 집행부에 감사 인사도 할 겸 커피값이라도 챙겨주기 위해서였다.

그때 갑자기 핸드폰이 울렸다. 이윽고 전해진 다급한 목소리가 5개월 동안 준비했던 백령도 행사를 물거품으로 만들어 버리고 말았다. 선박 출항이 금지되었다고 한다. 이유는 갑자기 내려진 풍랑주의보, 오전까지만 해도 잔잔했던 파도가 2미터에서 3.5미터로 높아졌다는 것이다.

국내 여행의 최고 성수기는 5월과 10월이다. 이 기간에 대부분 여행사는 1년 동안의 수입 대부분을 한꺼번에 올린다. 그런데 올해는 예전과는 너무나 달랐다. 때아닌 태풍이 연이어 올라오는데다 주중엔 멀쩡했던 하늘이 꼭 주말만 되면 폭포수처럼 비가 쏟아졌고, 바람이 불고 파도가 높아져 섬 여행 전부가 취소되었다.

황금연휴라는 10월 초 행사도 마찬가지였다. 울릉도와 백령도, 홍도와 거문도로 들어가는 장거리 배편은 모조리 취소되었다. 유일하게 출발이 확정되었던 5일의 홍도와 흑산도 행사도, 출발한 버스가 목포 연안여객선 터미널에 도착하기 직전 선박 운항이 갑자기 취소되었다는 연락이 왔다.

참으로 허탈했다. 안 되는 걸 되게 하고 사정하다시피 매달린 일들이 공중에서 분해되고 보니 직업에 대한 회의감이 자꾸 든다. 그것도 하루 이틀이 아니라 몇 개월에 걸친 노력의 결과물이면 훨씬 더하다. 더구나 요즘은 여행업이 침체 일로를 겪어 사양 사업이라 하지 않던가.

국내의 섬 여행은 여러 가지 제약이 많다. 인근의 작은 섬 몇 개를 제외하고는 대개의 섬들은 몇 개월 전부터 예약이 끝난다. 단체로 움직이는 동호회와 산악회, 계모임 등이 많아서인데 특히 주말은 승선권 확보하기가 무척이나 어렵다. 거기다 사람이 많으면 배가 산으로 간다고 했던가. 요구사항이 워낙 많아 출발하는 순간까지 마치 시한폭탄을 안고 가는 기분이다. 그렇게 준비를 철저히 했는데도 막상 배가 출발하지 않으면 그동안의 모든 노고는 허사가 된다. 일은 일대로, 고생은 고생대로 하고 단 한푼도 보상받지 못한다.

며칠 전 겨울의 입동이 지났다. 백령도 행사가 취소되고 난 후 몇 주 동안 주말의 날씨는 매우 좋았다. 하늘은 푸르렀고 파도도 잔잔해 섬 여행을 하기에 더없이 좋은 날씨가 계속 이어졌다. 흔히들 사월을 잔인한 달, 시월을 결실의 달이라고 하는데 내게 있어 지나간 시월이 가장 잔인한 달이었다. 생활비는커녕 사무실 운영비조차도 벌지 못했으니 더 말해 무엇 하겠는가.

사람이 한평생 살아가다 보면 여러 가지 일들이 참 많이 일어난다. 지나간 백령도와 홍도 행사도 그중의 하나로 길게 보면 인생의 한 단면일 수도 있겠다. 세상에는 열심히 노력하고 일한 만큼의 보상이 주어지는 일들만 결코 존재하는 것은 아닐 것이다.

그렇다고 계속 이런 날이 반복된다고는 믿지 않는다. 모든 것은 정말 생각하기 나름이 아닐까. '님'이라는 글자에 점(·) 하나를 붙이면 '남'이 되듯이, 결실의 달 시월과 잔인한 달 사월도 겨우 점 하나의 차이일 뿐이다. 누가 아는가, 나도 나름대로 열심히 노력했다고는 하지만 그동안 늘 세상에 대한 불만이 많았던지라 점 하나가 더 생겨 시월이 사월이 되었는지도.

• 철 지난 장마

나이 들어 좋은 것은 그리 많지 않다. 그것을 증명이라도 하듯 그가 신의를 저버렸다. 여러 가지 이유를 대지만 설득력이 부족해 신빙성이 제로다. 무엇이 그를 그렇게 만들었던 것일까.

토요일의 이른 새벽이었다. 예약한 여행팀이 있어 잠자리에서 일어났다. 알람 소리에 깨어나긴 했지만 잠을 설쳤던 탓인지 한동안 멍했다. 엘리베이터를 타고 아파트 앞마당으로 내려섰는데 시간이 너무 빠듯했다.

보도블록처럼 차들이 빼곡하다. 한 가구당 한 대면 모를까, 몇 대씩 주차하다 보니 밤사이 지하 주차장과 아파트 앞마당은 차량이 넘쳐난다. 꼬리를 물면서 가주차된 차량을 살피며 시동을 걸었다.

생각했던 것보다 차를 빼내기가 쉽지 않다. 차체가 큰 12인승 승합차라 전후좌우가 너무 좁아서다. 운전석에 오르내리는 것도 만만찮다. 공간을 확보하려고 가주차된 차량을 한 방향으로 밀어 내보지만 역부족이다. 그렇게 몇 번을 시도하다 보니 그만 사고가 생겼다. 오른손을 차 문에 걸쳐놓고 왼손으로 차 문을 닫아 버린 것이다.

"악!!!"

숨을 쉴 수 없을 만큼의 극심한 통증이 밀려왔다. 손가락이 부러진 것은 아닌지 의심스러웠다. 조심스레 살펴보니 손가락 두 개의 살이 짓뭉개졌다. 가운데 있는 손가락과 넷째 손가락으로 손톱이 전부 검붉게 변했다. 손톱의 뿌리 위쪽에는 살이 터져 피가 몽글몽글 솟아났다.

나 스스로 손가락을 찍었으니 누구를 원망하랴. 급한 대로 일회용 물수건으로 손가락을 움켜잡았는데 피가 금방 흥건해졌다. 그렇다고 행사를 취소할 수도 없는 일, 가주차된 차량을 몇 대나 더 밀고 나서야 겨우 차를 빼낼 수 있었다. 번개처럼 차를 몰고서야 약속장소에 겨우 도착할 수 있었다,

고속도로에 있는 휴게소에 도착했다. 손가락을 다친 지 두 시간이 지나서였다. 일행들이 화장실을 다녀올 동안 구급약을 구하기로 했다. 그런데 정작 필요한 소독약과 지혈제는 없었다. 급한

대로 복합연고제와 일회용 밴드를 샀다. 상처 부위에 연고를 듬뿍 바른 다음 일회용 밴드로 감쌌다.

일곱 명의 적은 인원이라 내 차로 여행 안내를 해주기로 약속했었다. 주요 여행지는 여수 해상케이블카와 돌산도의 향일암이었다. 가는 길에 '명량 해전'의 격전지였던 '이순신대교'도 들르고, 검은 모래사장과 몽돌로 유명한 만성리 해수욕장에서 사진도 찍었다.

차를 타고 통과했던 '마래터널'은 색다른 경험이었다. 육백여 미터의 길이에 높이가 4. 3미터, 거대한 암반 속의 터널로 1926년 일제가 군량미 창고로 쓰기 위해 설계를 했다고 한다. 노역장에 동원된 사람들은 대부분 조선인, 장비라고는 고작 쇠망치와 정이었다. 그것으로 그 긴 터널을 완성하기까지 얼마나 많은 고초를 겪었을지 상상하는 것만으로도 가슴이 아팠다.

여섯 번이나 밴드를 갈아야 했다. 약간은 투명한 살색이라 상처 부위에 핏물이 고이는 게 금방 확인되었다. 그나마 다행이었던 건 뼈가 부서지거나 골절은 되지 않았다는 것이다.

집에 도착하니 저녁 9시가 넘었다. 일요일에도 행사가 예정되었지만 넘어진 김에 쉬어가랬다고 손가락을 다쳤다는 핑계로 하루를 쉬기로 했다. 그런 나를 걱정스러운 눈길로 바라보던 아내가 한마디를 건넸다. 근래에 당신 몸에 상처가 너무 많이 생겼다면서 "나이가 들면 자기도 모르게 인지능력이 떨어지는데, 사람들은 대부분 그것을 모른 채 늘 하던 습관이 배어 주변을 잘 살피지도 않고 무의식적으로 행동을 한다."는 것이다.

그러고 보니 근래에 유난히 사고가 잦았던 것도 같다. 몇 주 전 암벽으로 형성된 합천 수리봉을 오르다가 송곳처럼 날카로운 나뭇가지에 이마를 찢겼고, 산행 말미에는 목 한가운데에 두 곳의 상처가 더 생겼다. 그런데 그 모양이 마치 손톱에 할퀸 것처럼 보여, 8월의 무더운 날씨인데도 목 가리개를 해야만 했다.

오늘 사고도 별반 다르지 않다. 세상에 바보가 아닌 이상 어느 누가 제 손가락을 차 문에 걸쳐놓고 그냥 문을 닫아 버리겠는가. 나이 들어 서러운 건 주름과 탈모뿐이 아니다. 인지능력마저 떨어져 조심해야 할 것들이 너무나 많아졌다.

그는 나보다 여덟 살이나 더 많다. 가깝고도 먼 나라의 지도자로 장기 집권을 하고 있다. 그런데 그가 얼마 전 기습적으로 우리나라에 경제보복을 가했다. 돌발적인 그의 그런 행동 이면에는 정치적인 노림수와 위안부 보상 문제 외에도, 나이 들어 생긴 인지능력 부족 때문은 아닌지 무척 궁금하였던 것이었다.

손가락을 다친 지 3일 되는 날 병원을 찾았다. 마음 같아서는 며칠 더 참으며 지켜보고 싶었지만 다친 손가락에서 자꾸만 진물이 흘러나와 파상풍이 걱정되어서였다. 약지 손톱 안에 고인 검은 피를 빼내기 위해, 일부러 손톱 안쪽을 바늘로 구멍을 뚫었던 것이 원인일 수도 있었다.

사무실에 돌아오니 인터넷에 작은 기사 하나가 떴다. 지금 일본에서 가장 유행하는 말이 '아베(安倍) 손타쿠(忖度)'라는 것이다. '아베'는 수상인 그를, '손타쿠'는 '알아서 긴다.'라는 뜻이다. 주로 공무원 조직 등에서 많이 쓰인다는데 윗사람이 말하지 않아도 알아서 뜻에 맞추려 하는 행태를 꼬집은 말이라고 한다.

그래서 솔직히 더 걱정인지도 모른다. 신체에 남겨진 상처야 시간이 지나면 저절로 치료되거나 아물 수 있지만, 한 사람의 잘못된 판단으로 국가 간에 무역 전쟁이라도 벌어진다면, 거기에 파생되는 온갖 고통과 후유증은 오로지 약자인 국민의 몫이 아니겠는가.

인지능력 부족이 몰고 온 저압부가 활성화된 것일까. 결실의 계절 가을인데도 불구하고 연일 계속되고 있는 비와 태풍의 소식이 마치 철 지난 장마처럼 보인다. 잔뜩 찌푸린 먹구름 사이로 오버랩되는 그의 얼굴이 유난히 늙어 보인다.

• 블로그(blog) 단상

밤새 잠을 설쳤다. 작은 고민거리가 생겨서다. 극소심한 성격의 A형이라 더 그랬을 수도 있다. 아침을 먹는 둥 마는 둥 하고 사무실에 출근은 했지만 찜찜함이 가시질 않는다. 마치 무언가를 해야 하는데 아무것도 할 수 없을 때 생기는 곤혹스러움 같은 거다.

D 포털 사이트에 블로그를 개설한 지 5,000여 일이다. '산정의 그리움'이란 이름을 쓴다. 햇수로 15년여, 대부분 내용이 글과 사진으로 꾸며졌는데 등산과 여행에 관한 것들이다. 기록된 수많은 글과 사진 중 어느 것 하나 소중하지 않은 것이 없지만 그중에서도 나는 사진에 더 많은 애착이 간다. 한 장 한 장마다 색상을 입히고 명암을 조절하는 등 많은 시간을 할애하다 보니 마치 나의

분신처럼 여겨지기 때문이다.

며칠 전이다. 그런 내 사진을 무단으로 사용하고 있는 홈페이지를 확인했다. 국내의 여행과 등산을 주업으로 하는 여행사로 나와는 동종업계의 경쟁사다. 한두 장이라면 모를까. 무려 스무 장이 넘는 사진들이라 속이 더 많이 상했다. 방문자들의 눈을 현혹하기 위해 색상이 화려하고 예쁜 사진들만 일부러 골라서 가져갔다. 해당 상품을 클릭하면 오랜 시간 작업했던 수십 장의 사진들이 아무런 제약 없이 굴비처럼 줄줄이 묶여서 나왔다. 그중에는 인물사진도 포함되어 있어 더 충격이었다.

해당 상품은 만들어진 지 한 달 정도가 지났나 보다. 클릭이 벌써 2천 회가 훨씬 넘었다. 한눈에 봐도 내 사진임이 금방 확인이 된다. 내가 직접 찍어 작업한 사진으로 지역에서 가장 먼저 홍보를 하고 상품을 만들어서다. 예술적 가치가 없는 풍경 사진이라도 남의 사진을 무단 사용하는 건 엄연히 불법이다. 그것도 경쟁업체에서 한 군데도 아닌 두 곳에서의 사진이라 내가 느끼는 당혹스러움은 훨씬 더했다.

오랜 고민과 망설임 끝에 전화를 걸었다. 해당 여행사가 아닌 풍경 사진 속의 인물 권 사장에게다.

"권 사장님, 혹시 알고 계십니까? K여행사 홈페이지에 지죽도 금강죽봉에서 제가 찍어드렸던 사장님 사진이 광고로 활용되고 있던데요. 쑥섬에서 촬영했던 제 경치 사진 스무 장과 같이 말입니다."

그분도 금시초문인 듯했다. 자신이 확인해 볼 테니 어느 사이트인지 주소를 알려 달라고 했다. 해당 홈페이지의 '쑥섬(애도)/지죽도 금강죽봉'을 가르쳐주고 전화를 끊었다.

이틀이 지났다. 아직도 내 사진이 그대로 올려져 있는지 궁금해 해당 홈페이지에 접속했다. 상품은 그대로인데 사진들이 많이 바뀌었다. 두 개의 섬에서 내가 촬영한 사진들이 대부분 내려져 있고 다른 사진들로 대신 채워져 있다. 금강죽봉에서 촬영한 권 사장 사진도 예외가 아니었다. 그러나 광고문구의 배경이 된 사진과 작은 메인 화면의 사진은 예전 그대로였다. 내 사진을 아직도 그대로 쓰고 있었다.

권 사장에게 다시 전화를 걸었다. 내 사진들이 대부분 다 내려져 있던데 혹시 전화를 걸었느냐고 물어보았다. 그랬더니 자신이 해당 여행사에 전화했다고 한다. 사진 주인의 허락 없이 무단으로 사용했고, 사진 속 인물인 자신에게도 양해를 구하지 않고 광고로 사용했으니 엄연히 초상권 침해에 해당이 되니 어떻게 할 거냐고 호통을 쳤다는 것이다. 그랬더니 무조건 잘못했다면서 행정처분이든 금액 보상이든 어떠한 처분도 감수하겠다고 말했다고 한다. 그러나 자신이 바라는 것은 오직 하나 진정한 사과와 재발 방지라고 했다면서, 혹시 전화가 오지 않았느냐고 나에게 되묻는 것이다.

며칠이 더 지났지만 기다렸던 전화는 끝내 오지 않았다. 그렇다고 광고문구로 사용하던 배경 사진들이 내려진 것도 아니었다. 애초부터 큰 기대를 걸진 않았지만 시간이 지날수록 왜 자꾸만 기분이 더 씁쓸해지는 걸까. 실망감과 분노가 뒤섞인 묘한 허탈감이 배가 되어 머릿속을 자꾸만 어지럽히는 것이다.

몇 살이라도 더 먹은 게 죄라면 죄일까. 무조건 참고 이해해보려 노력하지만 그게 생각처럼 그리 십지 않다. 금방이라도 가슴속에서 생채기가 생길 것만 같아 울화가 치밀어 오른다. 하긴 잘못을 저질렀다고 그리 쉽게 인정하고 사과를 할 정도의 인품이었다면 애당초 남의 사진을 퍼가지도 도용하지도 않았을 것이다. 그랬다면 지금처럼 큰 여행사를 운영하지도 못했을 거라 생각을 하니 오히려 마음이 더 편안해졌다.

오늘도 나의 블로그에는 방문자 수가 백여 명에 이른다. 비록 그 숫자가 블로그를 개설한 햇수에 비하면 턱없이 부족할 수도 있겠지만 실망하지는 않는다. 글과 사진을 올릴 수 있는 공간이 있어 행복하고, 그런 글과 사진을 기다리며 즐거운 마음으로 읽어주는 사람들이 있어 감사하다.

블로그를 방문해 준다고 모두 다 환영하진 않는다. 자신들이 얼마나 상대방에게 불쾌감을 주고 있는지 그것을 모르는 분들은 솔직히 사절이다. 대표적인 게 자신들의 블로그를 비공개로 전환해 놓는 블로거다. 각자 나름의 이유와 명분은 있겠지만, 아무런 제약 없이 남의 블로그를 마음대로 드나들며 수많은 자료와 사진들을 살펴보고 스캔해 가면서 정작 자신의 것은 보여주지 않겠다는 건 지나친 이기주의다.

얻는 것이 있으면 주는 것도 있어야 한다. 그게 세상의 이치다. 남의 것만 보겠다는 건 도둑의 심보와 다름이 아니다. 블로그 내용을 보려면 친구 신청을 하라고 하는데 그 사람이 어떤 사람인지 제대로 알아야 친구로 신청을 할 게 아닌가. 무조건 아무나 보고 친구를 맺자고 할 수는 없진 않겠는가.

• 품격 있는 산악회

고속도로휴게소의 식당이 원산지 단속에 걸렸다. 호주산 소고기를 쓰면서 국산이라고 속였다는 것이다. 사건을 전하는 기자의 목소리가 흥분되어 많은 사람이 먹는 음식을 가지고 기만했다고 보도한다. 이용객 숫자를 추정해 음식값을 곱하고 금액까지 환산해 질타한다.

TV 화면이 메뉴판을 훑고 지나간다. 적혀 있는 메뉴의 음식값이 다소 비싸기는 하다. 그것이 값싼 외국산 소고기를 값비싼 한우로 둔갑시켰는지도 모른다. 그게 아니라면 다른 이유라도 있는 것일까. 매주 주말이면 등산과 여행을 떠나는 나로서는 '많은 사람이 이용하는 식당'이란 말이 자꾸만 마음에 걸린다.

주말 아침을 맞는 휴게소는 언제나 분주하다. 숨쉴 틈 없이 끊임없이 밀려드는 차량을 소화하기에는 오늘도 역부족이다. 주차장 대부분을 대형 관광버스와 자가용들이 점령했고 수많은 사람이 내리는데도 음식점들과 매점은 한산하다. 붐비는 곳이라야 화장실과 주차장 주변의 잔디와 공터뿐이다.

관광버스 기사들도 불편하긴 마찬가지다. 얼마나 많은 음식물을 실었는지 차의 속력이 제대로 붙지 않는다고 불평한다. 등산을 가고 있는 것인지 술과 음식물을 싸서 가지고 먹으러 가는 것인지 도무지 헷갈린다고도 한다. 버스의 문이 열리자 많은 사람이 쏟아져 나오고 트렁크에선 사각형 스티로폼으로 된 박스가 차례대로 불려 나온다.

뚜껑을 열자 밥과 국, 반찬들이 하얀 숨을 토해낸다. 산악회 회장과 운영자, 등반대장이 주방장으로 나선다. 주걱과 국자, 수저를 들고 밥과 국을 푸고 반찬을 배분한다. 식판에 음식물을 담은 사람들은 잔디 위와 구석진 자리로 찾아든다. 궁둥이를 들이밀고 편하게 앉을 수 있는 곳이라면 어디든 상관없다. 남의 이목도 아랑곳하지 않는다.

피해를 당하는 건 잔디다. 긴 동면의 잠에서 깨어나기도 전에 등산화에 짓밟혀지고 짓이겨진다. 그들의 논리는 언제나 당당하다. 적은 돈으로 등산하고 식사를 해결하고 술까지 마시니 일석삼조라고 자랑한다. 다수라는 군중심리는 사회적 지위와 명예를 일순간에 마비시켜 버리고 만다.

휴게소를 짓는 목적은 이윤을 창출하기 위함이다. 많은 돈을 투자해 부지를 구입하고 건물을 짓고 공간을 제공하고 이용하는 사람들에게 각종 음식물과 용품들을 팔아 영업이익을 창출한다. 억대의 보증금과 월세를 받고 코너를 분양하는 것도 마찬가지 이치다.

그런데 언제부터인가 본말이 전도되었다. 정당한 돈을 투자해 식당과 매점을 열고 세금을 내며 종업원까지 고용하면서 장사하는 공간에 외부의 음식물들이 유입되기 시작했다. 휴게소 마당에 싸서 가지고 온 음식물들을 퍼 나르고 술까지 마시며 자신들만의 성찬을 펼친다. 매주 또는 한 달에 몇 번씩 등산과 여행을 떠나는 산악회 팀들이다.

아침나절 휴게소를 이용하는 사람들은 오천 명을 상회한다. 그러나 식당과 매점은 분주하기보다는 한산하다. 역지사지의 논리도 먹히지 않는다. 내가 하면 사랑이고 남이 하면 불륜이다. 장사가 되지 않아 불경기라 말하면서도 정작 자신들은 음식물들을 준비해 다니면서 식사를 해결하고 휴게소에서는 금지하는 술까지 마신다. 그리고는 음식물 찌꺼기와 쓰레기를 버리고 간다.

작은 것을 탐하다 큰 것을 잃을 수 있다는 교훈은 누구나 안다. 식당을 운영하는 업주가 박리다매(薄利多賣)의 상술을 모를 리 없다. 많은 사람이 이용해 장사가 잘되는데도 굳이 원산지를 거짓으로 표시해, 칠 년 이하의 징역 또는 일억 원 이하의 벌금에 처하려고 기를 쓸까. 경기가 나쁘면 이해라도 가겠지만 옳고 그릇됨과 해서는 안 될 행동과 넘지 말아야 할 선을 구분하지 못하는 게 문제다.

한때 제아무리 잘난 사람이라도 예비군복만 입혀놓으면 이상해진다는 말이 있었다. 그런데 요즘은 등산복만 입혀놓으면 다 그렇게 된다고 한다. 천여 미터 내외의 산을 오르내리면서 삼천 미터 이상의 고산에서 입는 고가의 등산복과 신발을 고집한다. 거기에 비하면 하는 행동은 유아적 수준, 최소한의 도덕과 예의도 상실해 버린 지 오래다.

'갑'과 '을'의 논리도 생각하기 나름이 아닐까. 똥 묻은 개, 겨 묻은 개 나무란다고 무엇을 잘못하고 있는지도 모르고 무리 지어 다니기 바쁘다. 사람이 갑인지, 원산지를 속이고 밥과 국을 판 업주가 갑인지 도무지 헷갈린다. 한 방에서 같이 자고 밥까지 먹는다고 개와 격을 꼭 맞춰야 할까.

오늘도 산행을 떠나는 날이다. 관광버스 차내에서 포장된 따뜻한 약밥을 한사람 앞에 하나씩 돌린다. 가끔은 떡을 돌릴 때도 있는데, 최소한이나마 타 산악회와 형평성을 맞추기 위해서다. 아침밥을 주지 않고 하산주(下山酒)를 제공하지 않으면 성원이 되지 않는다. 산림청이나 국립공원에서 들어가지 말라고 하는 코스를 몰래 들어가지 않아도 마찬가지다. 그렇다고 보증금에다 월

세와 세금을 주고 종업원까지 고용해 장사하는 곳에서 밥을 퍼주고, 법을 어기면서 들어갈 수는 없는 노릇이다.

전국의 명산을 탐방하며 호연지기를 마시고 맑은 계곡에서 심신을 씻어낸 지 이십오 년이다. 현지의 특산물을 마음껏 사 먹지도 사 오지는 못하나 음식물 찌꺼기를 버리고 돌아오지는 않는다.

"품격의 산악회는 과연 어떤 곳일까?"

원산지 표기를 어겼다는 고속도로 휴게소에 들어서면서 공허한 질문을 하늘에다 던져 본다.

• 포토샵을 하다 보면

월요일 아침이다. 사무실에 출근해 지난 주말에 찍은 사진을 어떻게 할지 고민 중이다. 원본 사진을 그대로 올릴까. 아니면 용량이 클 수도 있으니 적당한 크기로 줄일까. 이런저런 생각에 시간은 흐르고 카페엔 벌써 수많은 사진이 올라와 있다.

지역의 수필모임 회장에게 전화가 왔다. 지난 토요일, 세미나에 참석했던 제주 팀들을 찍은 사진이 있으면 톡으로 보내달란다. 짧은 시간을 쪼개어 문학기행 삼아 팔공산 자락 동화사와 방짜유기박물관을 돌아본 사진을 말함이다. 인물사진 중심으로 몇 장을 골라 원본으로 보냈더니 어느새 그 많은 사진을 찍었느냐고 묻는다.

하계 수필세미나가 토요일에 있었다. 1박 2일 행사로 해인사가 있는 관광호텔에서다. 해인사는 행정상으론 경남이나 생활권은 오히려 대구서 가깝다. 거기다 구 88고속도로인 '광주 대구 고속도로'가 확장 개통되면서 해인사까지는 한 시간 남짓이면 충분히 접근할 수 있게 되었다.

그래서일까. 바다 건너 제주도에서 오시는 분들도 대구를 거친다. 비행기로 대구에 도착해 차량을 이용해 해인사로 가는 것이다. 그렇게 하면 간단한 문학기행도 겸할 수 있는데, 세미나가 열리는 시간이 14시라 첫 비행기로 대구 공항에 도착해 자투리 시간을 활용한 것이다.

세미나 장소로 가기 위해 잠시 들른다지만 그냥 모른 척하기는 어렵다. 그래서 대구지역 회장을 맡은 권 선생과 사무국장인 내가 나섰다. 토요일 아침부터 시간을 비워 문학기행 안내와 해인사까지 차량으로 모셔드렸다. 일요일에 중요한 일정이 잡혀있어 시간을 내기가 어려웠지만 맡은 직책에서 결코 자유로울 수가 없었다.

스마트 폰으로 찍은 사진들을 차례로 컴퓨터에 옮긴다. 그리고는 포토샵을 모니터에 펼치고 사진들을 화면으로 불러낸다. 흐릿하거나 볼품없는 사진들이 거의 없을 정도로 요즘 스마트 폰은 매우 똑똑하다. 화소도 1,000만이 넘어 색상이 화려하고 선명해 따로 교정할 필요도 없다. 전문가가 쓰는 카메라에 버금갈 정도라 프로를 뺨칠 만한 예쁘고 아름다운 사진을 얻을 수가 있는 것이다.

사람들 대부분은 사진을 원본 그대로 카페에 올린다. 그렇지만 나는 조금 귀찮더라도 포토샵으로 보정을 한다. 원본과 다르게 확연히 고치는 게 아니라 조금 손보는 정도다. 그러나 때로는 그 작은 변화들이 전혀 다른 느낌과 분위기를 연출하기도 한다. 또 원본 사진은 용량이 커 카페에 과부하를 초래해, 줄여서 올리는 게 작은 배려일 수도 있다.

포토샵을 하다 보면 수필을 떠올릴 때가 많다. 한 장의 사진이 만들어지고 한 편의 수필이 탄생하기까지의 동질성 때문이다. 빠르게 지나가는 시간 속 한 장면을 복사하듯 기록하는 것이 사진이라면, 지나간 추억 속의 시간을 반추해 그때의 순간과 상황, 느낌을 글로 표현을 하고 완성하는 것이 수필이 아니던가.

지금도 수필을 쓰는 방법론에 대해서는 논란들이 많다. 그중 가장 대표적인 것이 허구성의 문제다. 이미 있었던 일을 그대로 적고 나열하는 것이 넓은 의미로는 창작이 아닌 일반 산문문학이니, 수필이 시와 소설처럼 창작문학이 되기 위해서는 허구를 도입해야 한다고 말한다.

사진을 원본 그대로 올린다고 누가 뭐라 하진 않는다. 그러나 좀더 색다른 사진을 원하거나 좋은 사진을 추구하기 위해서는 포토샵으로 보정을 하고 수정을 하는 것이 좋을 수도 있다. 물론 아무리 기술을 부린다고 해도 직접 눈으로 보고 느끼는 것, 이상으로 감동을 재현해 내기는 어렵겠지만 말이다.

사진이나 수필 모두, 작업하는 사람의 기술과 묘사 능력에 따라 엄청나게 그 의미가 달라진다. 포토샵으로 사진을 보정하는 것이 기술이라면 지나간 기억을 되살려 어떠한 글로써 표현하느냐는 작가의 능력이다. 그렇지만 '원판 불변의 법칙'은 만고불변, 사진을 보정하고 지나간 추억을 조금 다르게 꾸미고 변형시킨다고 이미 있었던 일이 없어지지는 않는다.

문학기행 때 찍은 풍경 사진들을 카페에 올린다. 파란 하늘과 하얀 구름, 동화사 경내의 배롱나무가 살아있는 듯 꿈틀거린다. 스마트 폰으로 찍은 사진에다가 색조와 채도, 밝은 정도를 조금 수정했다. 그러자 색상이 더욱더 더 화려해지고 선명도는 높아졌다.

하루가 채 지나지 않았는데도 댓글 여러 개가 달렸다. "선명한 색상, 눈으로 본 모습보다 더욱 찬란합니다. 역시 사진 찍는 기술이 남다르게 보입니다." "파란 하늘에 붉은 배롱나무, 그 선명한 대비의 아름다움을 살린 사진, 굿~." "여름과 가을하늘이 공존하는 것 같은 화면 눈이 시원합니다." 등이다.

오래도록 남의 이목에서 벗어난 낯선 마음 때문일까. 그것도 아니라면 남의 칭찬에는 인색하면서도, 내게로 향한 칭찬에는 관대해서일까. 누구라도 카페에 글과 사진을 올리면 호불호에 상관없이 통과의례처럼 달아주는 접대성 댓글인데도 왜 이렇게 기분이 좋아지는 것일까.

그러고 보니 어느 분은 늘 지론처럼 말하곤 했다. "글은 쓰는 게 아니라 고치는 것이고, 작품은 만들어야 한다."고. 그렇다면 나 스스로 만족하고 느끼기 위해 찍은 사진과 글이 아니라면 그 목적에 따라 조금 수정하고 변형시켜보는 것은 어떨까.

수필은 고해성사(告解聖事)로 진실에 입각한 고백적 자조문학이라고 하지만, 사람의 기억은 환경과 분위기에 따라 변하는 오류로 인해 자기가 기억하고 싶은 대로만 기억한다지 않는가. 사실이라고 해서 반드시 진실이 아니라는 말이 그래서 더 실감이 나는지도 모른다.

제4부 (말은 참새가 아니다)

• 백두산을 다녀오고도

그의 목소리에 화가 잔뜩 묻어 있다.

"이거 해도 해도 너무하네요. 아무리 이해하려고 해도 도저히 참을 수가 없네요."

화를 억지로 누르는 그의 노력이 귓전에 그대로 전해졌다. 산에서 만난 지 이십여 년, 그는 언제나 내게 깍듯했다. 그런 그와의 정리가 한꺼번에 다 날아갈 위기다.

아는 얼굴이라 차마 욕으로 분출하기 어려웠을까. 이번엔 그의 친구이자 이번 행사를 주관한 총무가 핸드폰을 빼앗아 든다.

"이런 씨발! 행사를 제대로 할 자신이 없다면 하지를 말든지 이게 뭡니까?"

그가 다시 보지 않을 것처럼 막말을 던진다. 얼마나 화가 났으면 그럴까 하고 이해가 되면서도, 한 잔의 술로 백두산 여행 둘째 날을 자축하려던 분위기는 이미 싸늘해져 버렸다.

급히 현지 가이드를 찾았다. 무슨 일이 있더라도 이 심각한 사태를 진정시키고 나머지 일정을 무사히 끝내야 한다. 그렇지 않으면 사십여 명에 달하는 인원이라 엄청난 후폭풍이 예상되고도 남는다. 다행히 우리 여행팀 가이드와 저쪽 팀 가이드는 현지의 같은 여행사다. 거기다 이번 행사도 호텔만 조금 다를 뿐 전체적인 일정은 거의 비슷했다.

옷을 갈아입고 택시를 탔다. 그들이 묵을 호텔을 찾아가던 중에 이번 행사가 성립되기까지의 우여곡절이 주마등처럼 스쳤다. 기획에서부터 예약, 항공권 확보 등 어느 것 하나 수월한 게 없었다. 그렇게 어렵게 성사된 행사를 이렇게 허무하게 끝내 버릴 수는 없다.

"하면 된다. 안 되면 될 때까지."

이 말은 사회에 첫발을 내디뎠을 때 내가 가슴속에 품었던 좌우명이다. 그런 패기와 도전정신이 바탕이 되었는지 불가능하게 여겨졌던 일들이 더러 풀리기도 했다. 십여 년 이상 노력해야 이룰 수 있다는 것도 일 년 만에 이뤄도 봤고, 승승장구는 아니어도 내가 노력한 만큼의 대가도 있었다.

그러나 딱 거기까지였다. 재물복은 스스로 타고난다더니, 돈과 인연이 없다는 것을 처음으로 느꼈던 것이 월드컵이 열렸던 2002년이었다. 급성 호흡기 증후군인 사스가 중국 광동 지역을 시작으로 홍콩, 싱가포르, 캐나다 등 전 세계로 확산이 되면서 그 여파로 해외여행이 줄줄이 취소되고 이상한 징크스가 생겼다. 어떤 행사든 처음이 매끄럽지 못하면 일이 점점 더 꼬여지거나 실이 많았고 여행사의 이미지만 타격을 입었다.

이번 백두산 행사도 마찬가지다. 대구와 중국 심양 간에 정기 항공노선이 6월부터 취항된다는 걸 알게 되면서 '백두산 북파 서파, 지안, 단동 4박5일' 상품이 지난 3월에 만들어졌다. 항공요금은 결정되지 않았지만 대략 산정하고 광고에 들어갔지만, 금액이 가장 낮은 단체 좌석이 없어지면서부터 일이 자꾸만 꼬여갔다.

예상보다 많은 금액이라 요금 수정이 불가피했다. 거기다 단체라 명단이 늦게 들어오고 폭발적인 수요로 인해 항공권 확보가 어려웠다. 16명이라던 인원이 27명으로, 다시 47명으로 늘면서 항공사에 명단을 밀어 넣고 40여 일을 기다렸지만 오케이 사인이 떨어지지 않았다.

그러던 차에 생각지도 못했던 곳에서 일이 터졌다. 이번에는 급성 호흡기 증후군인 '메르스(MERS)'였다. 물 만난 고기처럼 매스컴이 하루 내내 생중계를 시작하더니 절대 깨지지 않을 것 같았던 예약 취소가 해일처럼 밀려들어 왔다. 급기야 항공노선마저 줄어들더니 중국에서 한국인 예약을 받지 않는다는 기사와 루머까지 떠돌았다.

그들이 머물 호텔에 도착했다. 제일 먼저 열쇠를 받아 객실 점검에 들어갔다. 전날 통화에서 호텔 욕실의 물이 제대로 나오지 않아 불만이 많았던지라 물이 잘 나오는지 생수가 제공되는지 꼼꼼히 살폈다. 그리고는 식사를 마치고 들어올 그들을 기다렸다.

그들이 화가 난 이유가 밝혀졌다. 중국 현지 여행사에서 고용한 관광버스 기사 때문이었다. 첫날은 오후 일정을 마치고 통화의 웨스턴호텔을 찾지 못해 길에서 30여 분을 헤맸고, 오늘은 백두산 자락 이도백하로 이동 중에 지름길을 지나쳐 20분 정도를 더 갔다는 것이다. 그리고 점심 식사 후 백두산 북파의 산문 주차장을 찾아가야 할 버스가 한여름 날에 백두산 스키장까지 갔다가 되돌아 나왔다고 한다.

그나마 다행인 것은 있었다. 시간이 지체되었는데도 팀 전원이 백두산 천지와 장백폭포를 선명하게 보았다는 것이다. 그리고 기사 때문에 화가 난 것을 안 가이드가 손님들에게 백두산 온천물로 익힌 계란을 하나씩 서비스하면서 화를 푼 것까진 좋았다고 한다. 시시각각 변화무쌍한 백두산의 운해 속에서 천지를 보았다는 것은 거의 기적에 가깝다. 만약 때를 놓쳐 백두산 천지를 보지 못하였다면 과연 어떤 일이 벌어졌을까.

그러나 문제는 그다음이었다. 천지를 본 덕택으로 그전에 있었던 잘못을 용서받고 앞으로 열심히 하겠다고 박수까지 받은 건 좋았지만, 마사지를 받고 저녁 식사 장소로 이동 중에 그만 사태가 벌어지고 말았다. 식당을 찾아가야 할 버스가 이번에는 인적이 드문 캄캄한 산속으로 들어가 버렸고, 그동안 누적된 손님들의 화가 일시에 폭발해 버렸다고 한다.

중국은 우리나라보다 아흔아홉 배나 더 넓다. 그런 대륙에서 아무리 첨단의 내비게이션이라 해도 소도시의 작은 식당을 버스가 단숨에 찾아가기에는 다소 무리다. 그렇다면 그것을 누구보다도 잘 알고 있어야 할 가이드와 기사는 손님들이 마사지를 받을 동안 미리 식당을 찾아 놓거나 지나가는 택시를 불러 길 안내를 시켰어야 했다.

그들의 화를 달래줄 무언가가 필요했다. 제일 먼저 현지 여행사와 상의해 지리에 익숙한 실무자를 호출하기로 했다. 6시간 이상 되는 먼 거리에 있었지만 내일 아침까지 당장 올라오라고 했다. 그리고 물의를 일으킨 기사는 내일 백두산 일정을 마치고 통화에 도착하면 교체하기로 했다. 하지만 그것만으론 부족했다. 나흘째 마지막 일정을 마치고 저녁 식사를 업그레이드하기로 했다. 한 명당 일만 원 정도를 더 부담해야 하지만 압록강이 있는 단동의 북한식당에서 공연을 관람하면서 저녁 식사를 할 수 있도록 한 것이다.

4박 5일간의 백두산 일정이 모두 끝났다. 지안(集眼)에서 고구려 유적지인 광개토대왕비를 돌아보고, 북한 영토인 위화도 동쪽 압록강에서 유람선을 타고 북한 사람들을 살펴보고 대면한 것은 두고두고 잊히지 않을 추억이었다. 다만 아쉬운 게 있다면 하나부터 열까지 공들여 기획하고 만족해야 할 상품이 빛이 바래졌다는 것이다.

백두산을 다녀오고도 '메르스 사태'는 진정되지 않았다. 그리고 며칠 후 비슷한 일정으로 백두산 일원으로 해외연수를 떠났던 우리나라 공무원들을 태운 관광버스가 다리에서 추락하고 말았다. 많은 인명사고가 생겼는데 무리한 일정이 원인으로 지안에서 고구려 유적지를 돌아보고 압록강이 있는 단동으로 이동하던 중이었다고 한다.

좋은 여행상품은 다녀온 사람들의 평가가 최우선이다. 오로지 결과로 판단될 뿐이다. 그런 의미에서 보면 이번 백두산 행사는 과연 어떤 평가를 받을 수 있을까. 타 여행사에 비해 저렴한 가격과 다양한 볼거리, 식사와 숙소까지 업그레이드했다지만 진행은 솔직히 매끄럽지 못했다. 그 이유가 비록 현지에서 고용한 단 한 사람의 버스 기사 때문이라고 해도 그 책임은 오롯이 이번 여행 전체를 주관한 나의 책임인 것이다.

그것이 비단 해외여행에서만 국한되는 것은 아닌 모양이다. 국가 경영도 마찬가지일 것이다. TV에서는 오늘도 연일 메르스 사태와 해외연수 공무원들의 사고에 대한 책임소재 공방이 한창이다. 그 연장선에서 결코 자유로울 수 없는 분이 있다면 바로 대통령이다. 한 국가를 이끌어나가는 최고경영자의 자리는 그만큼 막중한 것, 최고 권력자의 자리는 원래 그런 것인지도 모른다.

• 아주 잠시

그의 모습이 낯설다. 형색을 자꾸만 찬찬히 살펴보는 이유다. 심하게 떨리는 손발에 어눌한 말투까지, 걸음걸이조차 불안하다. 얼마 전까지 정상적인 사람이었다고는 도저히 믿어지지 않는다. 그런 몸으로 등산을 하겠다니 혹여 사고라도 생기면 그 책임은 누가 질 것인가. 만취한 운전자에게 차를 맡기는 것보다 더 위험해 보였다.

그는 카센터 사장이다. 꼼꼼하게 바느질하는 것처럼 자동차를 수리해 찾는 이가 많았다. 그러던 그가 고객의 차를 수리하다가 갑자기 쓰러졌다고 한다. 깜짝 놀란 손님이 119에 신고를 했고 그는 병원 응급실에서 깨어났다.

진단명은 급성 당뇨, 불규칙한 생활과 제때 하지 못한 식사가 원인이었다. 담당 의사는 술을 끊고 현미로 된 규칙적인 식사와 운동을 권했다. 물을 많이 마시고 스트레스를 받지 말라는 조언도 잊지 않았다. 살아야겠다는 생각에 오늘은 무조건 등산을 따라나섰다는 것이다.

그가 산악회를 다녀간 지 한 달 정도가 지났을까. 어느 날부턴가 그의 가게에 셔터가 내려져 있었다. 웬만한 일이 아니고서는 저녁 7시 이전에는 문을 닫지 않는 그다. 그러던 와중에 오랜만에 그의 가게에 불이 켜졌다. 며칠 전 고장이 난 운전석의 도어를 고칠 겸 일부러 그의 가게를 찾았다.

피골이 상접한 몰골의 사내가 나를 반긴다. 언뜻 보아도 나보다 열 살이나 더 들어 보이는 얼굴이다. 퀭한 눈 아래로 손가락 굵기의 주름 몇 개가 축 늘어졌다. 그런데 자세히 바라보니 그다. 나보다 다섯 살이나 더 어리다는 게 도저히 믿기지 않는다.

의아해하는 나의 시선을 의식했음일까. 그가 먼저 입을 열었다. 한 달 만에 체중이 십오 킬로 이상이나 빠져 급성 당뇨의 후유증인 줄만 알았다고 한다. 그런데 아무리 약을 먹어도 차도가 없더란다. 급기야는 매일 현기증이 일어나 다른 병원을 찾았는데 뚜렷한 병명을 찾지 못했다고 한다.

그가 마지막으로 찾았던 병원이 서울의 한 종합병원. 국내서 암 수술을 가장 많이 하는 병원이었다. 또 그의 아버지가 암 수술을 받고 돌아가신 병원이기도 했다. 그의 병명은 담관염, 오랜 시간 장기에 영양이 공급되지 않아 한쪽 폐가 삭아서 없어졌다고 한다. 거기다 암은 유전적 성향이 강해 혹시나 하는 생각으로 검사를 받아보았더니 위암 초기였다고 한다. 그의 부친과 똑같은 부위에 암이 자생하고 있었다고 한다.

전화위복이 별건가. 담관염이 치명적인 암을 조기에 발견하는 계기를 만든 셈이다. 이십여 일에 걸쳐 담관염 치료와 암 수술까지 병행하고 나니, 그동안 모래와 자갈을 씹는 것 같았던 밥맛이 그렇게 달콤하고 맛이 있더란다. 비로소 화색이 돌아 그저께 대구로 내려왔다고 한다.

이야기를 마친 그가 씩 웃는다. 생과 사의 길목에서 겨우 살아나고 보니 어떻게 사는 게 잘사는 것인지 조금씩 보이더라고 한다. 돈이 전부가 아니라 건강이 최고라며 걱정을 해줘 고맙다며 깍듯이 인사까지 건넨다. 난데없는 치사에 오히려 내가 더 미안하다. 앞으로 자주 찾지 않으면 안 될 것 같은 마음마저 생긴다.

그런데 그의 손이 예전 같지 않다. 건강이 완전히 회복되지 않았음이다. 드라이버를 잡은 손이 자꾸 떨리는지 수리 시간이 점점 더 길어진다. 덩달아 내 마음도 점점 더 불편해진다. 일하는 노력에 비해 수리 비용이 얼마 되지 않는 것처럼 보여 차를 고치면서도 부담스럽기만 하다. 직접 나서서 도와주고 싶지만, 그 방법조차 없으니 더 난감하다.

들어내야 할 부품이 잘 나오지 않아서일까. 몇 번을 시도하던 그가 갑자기 차체의 플라스틱 부분을 드라이버로 신경질적으로 내려친다. 동시에 내 마음도 철렁한다. 부품을 빼내려다 몇 번이나 걸렸던 부분을 다 부수고 나서야 그의 수리는 끝이 났다. 내가 볼 때 조금만 조심하면 부수지 않고서도 충분히 들어낼 수 있었던 부위였다.

금방이라도 가슴속에 생채기가 생길 것 같다. 부서진 부분이 자꾸만 눈에 들어와 밟힌다. 괜히 왔다는 생각마저 들자 슬그머니 화도 치민다. 애써 불편한 심기를 숨기고 정산을 하고 돌아서는데 그의 한마디가 등 뒤에 꽂힌다.

예전에 수리하고 받지 않은 돈이 있다는 것이다. 그때 완벽하게 고치지 못하면 돈을 받지 않겠다고 했는데, 못 고친 게 아니라 부품 자체의 결함이니 계산을 해 달라고 한다. 문득 예전에 그가 손봤던 냉각기 부분이 생각났다. 고치긴 했었지만 완전치 못하다. 약간 진정되는 기미가 보였을 뿐, 여전히 물기가 계속 번지고 하루하루 냉각수가 줄어드는 게 확연하게 보인다.

지금에 와서 그날의 상황을 따져서 무엇하겠는가. 일시나마 그를 생각하고 위로했던 마음이 허하기만 하다. 30만 원이지만 다 받을 순 없고 20만 원만 달라는 그의 말이 내게는 위안이 되지 않는다. 오히려 알 수 없는 배신감마저 든다. 돈을 내어 주면서도 한마디 던지는 걸 잊지 않았다.

"손 사장, 돈 많이 벌어."

괜히 목소리에 힘이 들어가고 돌아서는 발걸음이 무겁다. 그는 여전히 변한 게 없는데 나만 잠시 착각했다. 그가 변했을 거라고, 그것도 아주 잠시.

• 이미 있었던 익숙함에서 기억되는 슬픔

사무실 문을 연다. 이미 있었던 익숙함에서 무엇인가가 허전하다. 근 몇 달 동안 마음을 주었던 작은 화분에 시선을 고정한다. 애지중지했던 화초가 보이지 않는다. 몹시도 가녀렸던 잎과 줄기가 짓물러지고 녹은 채 죽어 있었다.

올해 봄이었다. 커피잔 크기의 작은 화분에서 이름 모를 새싹이 돋았다. 이태 전 사무실을 방문했던 지인이 선물했던 다육이가 죽었던 화분에서다. 실만큼 가느다란 줄기에 토끼풀 모양의 잎이 달렸다. 겨우내 내팽개쳐진 사무실 한구석의 화분에서 돋아난 새싹이었기에 더욱더 애틋했다.

제대로 키우지도 못하고 죽게 만든 다육이 때문이었을까. 이번엔 죽이지 않고 키워보겠다고 나의 관심 속으로 깊이 끌어들였다. 하루에 한 번씩 분무기로 물을 뿌려주면서 정성을 기울이자 보답이라도 하듯 싹이 조금씩 자랐다. 다만 처음 키워보는 식물이라 물을 자주 주는 것 외에는 달리 방도가 없었다.

머리카락 굵기의 가지가 두서너 개 더 벌어졌다. 애정을 기울이는 내 마음을 알아주는 것 같아 흡족했다. 그런데 그때부터 작은 고민이 생겨났다. 물을 뿌려주면 화초는 생기를 금방 되찾지만 삼사일 정도 사무실을 비우거나 이틀 정도 물을 주지 않으면 잎이 금방 시무룩해지고 시들시들해졌다. 모래의 상태로 된 흙이라 물이 쉽게 빠지는 게 원인이었을 수도 있었다.

특별한 조치가 필요할 것 같았다. 그래서 생각해 낸 것이 커피 가루였다. 지난해 베트남에서 사 온 수제 커피를 우려내 마시고 말려 두었던 찌꺼기다. 화초 주변에다 공평하게 뿌려주고 분무기의 물로 적셔주었다. 며칠이 지나자 잎과 줄기에 윤기가 조금씩 흐르는 것처럼 여겨졌다.

그렇게 두 달이 흘러갔다. 화초는 조금 더 자랐지만 영양분이 부족해서인지 여전히 부실했다. 연약한 줄기는 분무기의 작은 물줄기에도 견디지 못하고 휘청거려 화분 속의 물기에 젖으면 저 혼자서는 잘 일어서지도 못했다. 조금 더 튼튼하게 키워야겠다는 생각에 우유를 몇 방울씩 줄기에 떨어뜨려 주었다.

지난주 금요일이었다. 화분에 하루살이보다 더 작은 날벌레들이 날아오르는 게 보였다. 며칠 전 우유를 조금 더 부어 주었던 게 원인이었던 것 같다. 사무실에 날벌레가 많이 생긴 것도 문제였지만, 화초를 보호해야겠다는 단순한 생각에 파리와 모기를 잡을 때 쓰는 약을 화초 주변에다 분사해 버렸다.

화초가 죽은 원인이 정확히 뭔지는 모른다. 평소보다 조금 더 많이 주었던 우유의 탓인지, 화분 주변에 뿌렸던 약의 탓인지 분명치는 않다. 다만 이름조차 모르는 작은 화초가 죽었을 뿐인데 가슴이 너무나 아리고 아프더라는 것이다. 그런데 하물며 사람이라면 어떨까. 그것도 애지중지하던 자식과 부모라면 더하면 더했지, 덜하진 않을 것이다.

햇수로 7년이라 누군가에게는 무덤덤한 세월호, 코로나 사태로 격리되어 외롭게 숨져간 요양원의 노인들, 그래서 우리는 그 가족들의 슬픔을 이해하고 오래도록 기억해야 하는지도 모른다.

• 통증(痛症)

자고 일어나니 왼쪽 발이 불편하다. 밤사이에 무슨 일이라도 생겼던 것인지 엄지발가락 관절 아래 돌출된 뼈 주변이 부어있다. 잠결에 화장대라도 걷어찬 것일까. 관절을 이리저리 돌려봐도 이상은 없는데 시간이 지날수록 통증이 점점 더 심해진다. 나중에는 조금씩 움직이는 것도 어려웠다.

가까운 외과병원을 찾았는데 '통풍'이라고 한다. 처음 들어보는 병명으로 근래에 많은 환자가 발생하고 있다고 한다. 혈액 내에 요산의 농도가 높아지면서 요산염 결정이 관절의 연골이나 힘줄 등 주위 조직에 달라붙어 염증을 유발하는 병으로 얼마나 아픈지 지나가는 바람에도 통증을 느낀다고 통풍이라는 것이다. 등이 푸른 생선이나 맥주에 많이 함유된 퓨린(purine)이 원인이 될 수도 있다는 것이다.

엉덩이에 맞은 주사의 영향일까, 아니면 약의 효과일까. 조금은 살 것 같아 출근을 감행한다. 부러지거나 골절도 아닌데 굳이 못 움직일 이유는 없어서다. 하긴 처음 앓는 병인데 그 심각성과 부작용을 어찌 알겠는가. 신발을 신을 때 부은 발등이 조금 아프기는 했지만, 그런대로 견딜 수 있었다.

퇴근이 가까워질 무렵, 한 통의 전화가 걸려왔다. 꼭 할 말이 있다며 문우가 만남을 청해온 것이다. 대화시간이 길어질 것만 같아 돼지국밥집에 약속을 정하고 저녁 식사 겸 소주를 곁들여가며 많은 이야기를 나누고 집으로 돌아왔다.

술과 돼지고기가 영향을 끼쳤을까. 극심한 통증에 잠이 깼다. 무릎으로 엉금엉금 기어 나와 불을 켜보니 발등 전체가 퉁퉁 부었고 부기의 한가운데가 시뻘겋게 익어 있다. 대야에 찬물을 받고 냉동고에 보관되어 있던 얼음 팩을 꺼내 물에다 넣고 발을 담근다. 처음엔 통증이 가시는가 싶더니 이내 효과가 없어진다.

소파에 기대어 엉엉 운다. 부어오른 발을 머리보다 더 높이 소파의 팔걸이에 얹고 통증이 진정되기를 기다려본다. 그제야 통풍이 심각한 병일 수도 있다는 생각에 인터넷을 검색해보니 결코 가볍게 볼 병이 결코 아니다. 완치가 어렵고 재발성 발작까지 일으키는데 심한 경우엔 관절이 변형되어 불구가 된다고 한다. 거기다가 가려 먹을 음식만 해도 산더미처럼 많다.

통풍 검색 중 유독 눈길을 끄는 글이 하나 있다. 인간이 느끼는 통증을 순위로 매겨 놓은 것으로 가장 큰 통증은 '작열통'으로 신체가 불에 탈 때의 고통이라고 한다. 두 번째가 손가락과 발가락의 절단이고 세 번째가 출산의 고통이라는 것이다.

통풍을 앓고 있어서인지 출산의 고통이 새삼스럽다. 그래서 아이를 낳은 엄마는 이 세상에서 자식이 가장 소중하게 보일지도 모른다. 그래서 '눈에 넣어도 아프지 않은 자식'이라는 말이 생겨난 것일 수도 있다. 그런데 그 자식이 자신보다 먼저 죽는다면 엄마의 심정은 어떠할까. 전지전능하다는 신조차도 자식을 잃은 부모의 고통을 표현할 단어를 찾지 못했다고 하니 그 통증이 얼마나 아플지 짐작이 되고도 남는다.

매년 2월 14일은 밸런타인데이다. 여자가 남자에게 초콜릿으로 사랑을 고백하는 날로 일 년에 한 번뿐이라 매우 각별하게 여긴다고 한다. 그런데 예전과 달리 올해는 무척 차분했다고 한다. 서양에서 유래된 게 아니라 일본사람들이 장삿속으로 만든 날이고 공교롭게도 '안중근 의사의 사형선고일'과 같은 날이란 게 알려져서다.

1909년 10월 26일, 중국의 하얼빈역에서 몇 발의 총성이 울렸다. 동북아시아 침략의 원흉인 이토 히로부미를 안중근 의사가 저격한 것이다. 체포된 안중근은 대한의군 참모중장 자격으로 처단

했음을 알리고 정당함을 주장했지만 여섯 번에 걸친 재판 끝에 사형이 선고되고 만다. 일본인 판사와 검사, 변호인에 의해서다. 그날이 1910년 2월 14일인 것이다.

그때 안중근의 나이 서른하나였다. 사랑하는 아들을 억울하게 보내야 하는 어머니의 심정은 찢어질 것처럼 아팠지만 조 마리아 여사는 전혀 내색하지 않았다고 전한다. 오히려 아들의 죽음을 담담하게 받아들이기로 하고 옥중의 아들에게 편지를 보냈다고 한다.

"네가 만약 늙은 어미보다 먼저 죽는 것을 불효라 생각한다면 이 어미는 웃음거리가 될 것이다. 너의 죽음은 한 사람의 것이 아니라 조선인 전체의 공분을 짊어지고 있다. 그러니 네가 항소를 한다면 그것은 일제에 목숨을 구걸하는 짓이니 나라를 위해 이에 이른즉 딴마음 먹지 말고 죽으라."고 아들이 아무런 죄책감 없이 떠날 수 있도록 만들었다고 한다.

안 의사의 사형선고일이 있은 지 103년이 흘렀다. 지금 러시아 소치에서는 동계올림픽이 한창이다. 그 속에서 한 젊은이가 금메달 3개와 동메달 1개를 휩쓸면서 일약 러시아의 영웅이 되었다. 그런데 그는 불과 몇 년 전까지만 해도 한국인으로, 4년 전 올림픽과 세계선수권대회에서 우리나라에 금메달을 안겼던 주인공이기도 했다. 그러나 이번엔 러시아로 귀화해 이룬 결과라 전 세계인의 이목을 끌었다.

운동선수로서의 최고의 영광은 올림픽과 세계선수권 출전이다. 그런 대회에서 개인의 꿈을 펼치는 걸 나무랄 수는 없지만 왜 가슴 한쪽엔 알 수 없는 통증이 밀려오는 것일까. 그도 한때는 가장 인기 있는 스포츠 선수 중 한 명으로 조국의 가장 큰 수혜자였지만 이제는 아버지의 묵인 아래 개인의 꿈과 자존심 회복을 위해 나라를 버린 변절자가 되어 버린 것이다.

텔레비전을 켜니 동계올림픽 중계가 한창이다. 그렇지만 대한민국의 명예와 우리 선수들을 위한 응원도 중요하지만 내게 가장 시급한 건 다른 데 있다. 어서 날이 밝아 병원으로 가 통풍으로 인한 통증에서 벗어나는 것뿐이다. 그러나 밖은 여전히 깜깜하고 날이 밝아올 기미는 보이지 않는다.

텔레비전 속에서는 여전히 선수들을 응원하는 소리가 점점 시끄러워지고 있었다.

• 한 살 많은 여동생

사십여 년 만에 이뤄진 짧은 통화였다. 중학교 졸업 후 그 친구는 부산으로 떠났고, 결혼 후에는 거제도에서 살고 있다고 한다. 보고 싶었던 마음에 약속을 정하고 문자까지 넣으며 찾아왔지만, 그녀의 전화는 더는 연결되지 않는다.

미성숙의 소년에서 미완성의 청년으로 가는 길목에서 그녀를 만났다. 조그마한 몸집에 웃음이 예뻤던 그 아이는 산골의 순박한 소녀였다. 십 리를 걸어 버스를 타는 통학이 힘들었는지 자취를 했고, 학교까지는 십여 분 거리인데 작은 고개가 하나 있었다.

시 한 구절, 노래 한 소절에 가슴이 두근거릴 나이였다. 좋아하는 대상을 그리움으로 그리고 가슴속에 간직할 때였다. 동기생들을 매개로 주고받았던 '미지의 소녀에게'라는 편지의 첫 소절은 많은 세월이 흘렀는데도 여전히 뇌리에서 지워지지 않는다.

어려서부터 나는 영화가 무척이나 좋았다. 새로운 세상을 접하고 무한한 상상력을 불러일으킬 세계가 있어서였다. 어쩌다 면 소재지에 가설극장이라도 들어서면 먼 거리를 마다하지 않았다. 그런데 영화를 볼 때마다 한 가지 의문이 일었다. 왜 남녀가 입술을 대거나 포옹을 하고 누우면 화면이 깜깜해지고 다음 장면으로 넘어가는지 참으로 모를 일이었다.

야릇한 장면을 상상하고 따라 해보고 싶은 충동이 저절로 일었다. 그럴 때면 괜히 얼굴이 달아오르고 온몸이 뜨거워지곤 했다. 그러나 결국은 거기까지였다. 그것이 가능했던 이유는 학교에서 내리는 처분이 두렵고 무서워서였다. 사고라도 생기면 정학과 퇴학 처분이 기다리고 있었다. 학교가 인생의 전부로 여겨지던 시절이라 가능했는지도 모른다.

학교에 이상한 소문이 퍼지기도 했다. 작열하는 뙤약볕 아래 여학생들이 연일 단체로 벌을 서곤 했다. 그늘이라고는 하나도 없는 운동장에서 두세 시간이 넘도록 다리를 들고 벌을 선다는 건 참으로 무서운 체벌이다. 실신하는 여학생이 많았는데도 일주일 이상 진행된 적도 있었다.

벌을 주는 선생은 소문 속의 당사자였다. 곱상한 외모에 단정한 머리의 선생은 여학생들에게 인기가 많았다. 학교 뒤에서 홀 어머니를 모시고 살았는데 소문의 진원지는 숙직실과 집이었다. 방과 후 학교와 선생님 집으로 공부를 하러 가는 여학생들이 많았고, 밤이 이슥하면 자고 오는 경우도 더러 있었다.

그 아이와 가까워진 건 중학교 3학년 무렵이었다. 교문 앞에서 만나기로 했었는데 시간이 지나도 나오질 않았다. 그때 누가 일러주기를 종아리에 피가 나도록 총각 선생에게 회초리로 맞고 있다고 했다. 방과 후 진학 상담이 있을 예정이니 교실에 남아있으라고 하자 "진학하지 못하는 학생은 가도 되겠네요." 하면서 나오다가 그리되었다는 것이다. 가난해서인지 열 명 중 셋은 진학을 하지 못하던 시절이었다.

나는 고등학교에 진학했지만, 그 아이는 취직을 했다. 그해 절반이 훌쩍 지난 추석 전날로 기억된다. 그녀와 내가 다시 만날 기회가 있었지만 결국은 만나지 못했다. 고향의 집을 다니러 가는 길에 그녀가 우리 집에 들렀지만, 내 어머니가 갑자기 돌아가시는 바람에 그녀가 울면서 뛰쳐나갔다고 한다. 그것도 세월이 한참 지난 후 다른 친구를 통해 겨우 알게 되었다.

동창회에 나가면 몰랐던 이야기들이 더러 나온다. 그 아이도 화제에 오른 적이 있었다. 어느 날부터 갑자기 살이 쪄 교복의 단추가 끼워지지 않았고 며칠 동안 무단결석을 했다는 것이다. 급기야 선생이 그 아이의 집까지 찾아가는 일이 벌어졌고 일주일이 지난 후에야 겨우 학교에 나왔다는 소문이었다.

동창회를 마치고 집으로 돌아오니 자정이 넘었다. 습관처럼 TV를 켜자 뉴스가 진행되고 있었다. 뉴스의 이슈는 성추행으로 중학교 교사이자 유명한 시인이 이른 아침에 등교한 여학생을 데리고 교무실에서 입을 맞추고 껴안았다는 것이다. 워낙 지명도가 높은 사람이라 쉽게 그 파문이 가라앉을 기미가 보이지 않았다.

그녀가 다시 떠올랐다. 같은 동기생이지만 한 살 더 적은 나를 오빠라고 부르던 아이였다. 눈을 감고 입술만 살짝 대는 게 키스라고 믿었던 나에게 입속으로 혀를 들이밀어 깜짝 놀라게 한 친구기도 했다. 누가 그녀에게 그것을 가르쳐 주었는지 모르지만 수많은 세월이 흘러도 여전히 그 기억은 지워지지 않는다.

그녀에게는 정말 오빠가 필요했는지도 모른다. 맏이였던지라 절실하게 따를 누군가가 더 필요했던 것일 수도 있다. 그러나 내 나이 겨우 열여섯, 그녀의 마음을 헤아리고 위로해 주기에는 너무도 어린 나이였다.

얼마 전 여자중학교에서 예전의 총각 선생이 퇴직했다고 한다. 개인적 사정으로 참석하지 못했지만 몇 해 전 열린 동창회에도 나온 적이 있었다고 한다. 그러나 무슨 이유인지 모르겠지만 한 살 많은 여동생은 단 한 번도 중학교 졸업 후 동창회에 얼굴을 비춘 적이 없었다.

이대로 돌아서기에는 너무나 아쉬웠던 것일까. 그래서 들렀던 곳이 작은 섬 내도다. 그녀가 살고 있다는 구조라에서 배를 타고 십여 분이면 들어올 수 있는 곳으로 숲의 팔 할이 동백이었다. 원시림 같은 처녀림이 우거진 은밀한 섬으로, 삼월의 말미라 그런지 선홍색 핏빛의 동백꽃들이 한창 피어나면서 지고 있었다.

그녀를 향한 애틋함이 더해져서일까. 바람 한줄기 세차게 불어오자 살아있는 것처럼 영롱한 동백꽃들이 후두둑 바닥에 떨어져 홍건하다. 그 속에는 어린 처녀의 꽉 다문 입술처럼 채 피지도 못한 동백꽃망울들도 한두 개 떨어져 있었다. 잊히지 않아 슬프고, 애처로워 잔인한 그녀의 얼굴이 다시 한번 떠올려지는 순간이기도 했다.

• 해와 바람

오랜만에 받는 대마도 단체 여행 팀이었다. 인원은 대략 이십 명, 목요일에 출발해 금요일 날 돌아오는 일정이다. 우리나라 역사와 관계된 유적지를 돌아보고 온천까지 포함된 가격으로 경쟁사보다 1명당 오만 원 정도 싼 가격에 견적을 내주었다.

출발일이 다가오는데도 연락이 없다. 내가 준 일정과 요금을 데이터 삼아 타 여행사와 비교하고 조율하고 있음이 분명했다. 그러다가 갑자기 전화가 왔다. 지금 예약해도 예전에 제시한 금액으로 행사가 가능한 것인지 물었다.

조금 난감했다. 그들이 원했던 '오션플라워' 선표는 이미 매진되었고, 2시간 일찍 출발하는 '비틀호'만 예약이 가능했다. 비틀호를 타려면 대구에서는 새벽 4시 전에 출발해야 한다. 그런데 더 큰 문제는 숙소다. 처음 견적 때의 '○○펜션'은 이미 예약이 끝난 상태라 '민숙'만이 유일했다. 사정을 고하고 오션플라워 선표를 구해볼 테니 하루만 더 말미를 달라고 했다. 다행히 그동안 쌓았던 신용과 이미지가 헛되지 않았는지 어렵사리 삼십여 장의 선표를 손에 쥘 수 있었다.

그들의 결정이 늦어진 데는 이유가 있었다. 자신들이 이용하는 관광버스 기사가 똑같은 금액과 일정으로 행사를 대신해주겠다고 장담했던 것이었다. 기사의 속셈은 뻔했다. 일거양득을 노린 것이다. 대마도 행사를 주관해 이익금을 챙기고, 자신의 차량을 이틀 동안 운행할 목적이었다. 그러다 행사 금액이 늘어나고 숙소와 선표 구하기가 어려워지자 그만 두 손을 들고 만 것이다.

여행업을 하다 보면 가장 좋은 사람은 대화가 잘 통하는 사람이다. 그런 부분에서 보면 이번 팀은 무척이나 아쉽다. 여권 사본 등 행사 진행에 필요한 사항으로 총무와 전화를 나누다 보면, 여행 업무에 대한 지식이 부족해서인지 자신들의 요구 조건만 일방적으로 주장해 머리에 쥐가 날 지경이었다.

그러다가 악재가 터졌다. 출발을 열흘 앞두고 일본 규슈에 큰 지진이 두 번이나 발생하여 수많은 인명사고와 이재민이 생긴 것이다. 규슈와 대마도는 지리적으로 이백여 킬로 이상 떨어져 있지만, 회원들이 동요를 했는지 확정된 행사를 취소할 것처럼 말하고, 무슨 일이 생기면 그냥 있지 않겠다는 등 협박성의 발언도 서슴지 않았다.

그것만이 아니었다. 출발을 하루 앞두고 내내 잠잠하다던 바다에 강풍이 불고 파도가 3~4미터라는 것이다. 파도가 2.5미터 이상이면 배가 출항하지 못한다. 그러나 다행히도 부산 앞바다와 남해 동부 해상은 파도가 잔잔하다고 한다. 그와 더불어 좋은 소식도 있었다. 다름 아닌 숙소로, 민숙만 가능하다고 했는데 단체 여행객들이 가장 선호하는 ㅇㅇ펜션으로 변경이 되었다는 것이다.

출발일인 오늘은 새벽부터 비가 내렸다. 최종 인원은 29명, 전체 예약자 중 한 명이 갑자기 병원 응급실에 실려 가는 바람에 불참했고 나머지는 전원 다 참석했다. 부산 국제부두에서 대마도 여행을 인솔할 가이드와 인사를 나누고 출국 수속 중에 또 하나의 변수가 생겼다. 마파람이 심해 여객선이 중도에서 돌아올 확률이 있고, 만약 되돌아오면 바람이 잠잠해지는 12시 30분에 재출항을 한다는 것이다.

출국 수속을 마치자 쭈뼛거리던 총무가 갑자기 나를 이끌었다. 이십 명 이상으로 견적을 받았는데 아홉 명이 더 늘어났으니 행사비를 빼달라는 것이다. 난감한 문제라 설득이 필요했다. 타 여행사와 똑같은 조건에 전체 금액으로 150만 원 정도 할인했고, 없다는 선표까지 구해 숙소까지 업그레이드했으니 오히려 제가 추가 요금을 더 받아야겠다고 응수했다.

그들을 배웅하고 부두를 빠져나오는데 발걸음이 무겁다. 해풍에 실려 날아오는 바다의 소금기와 축축하게 내리는 비 탓만은 아닐 것이다. 열차를 타고 대구로 향하는 데 차창 밖의 하늘이 잔뜩 찌푸려졌다. 이럴 때 햇살이라도 비치면 기분이 더 나아질 것인가를 생각해보니, 문득 어릴 때 읽었던 이솝 우화가 생각났다.

어느 날 하늘에 사는 온화한 해와 거만한 바람이 내기를 했다. 걸어가는 나그네의 외투를 누가 벗기느냐에 따라 더 강한 자로 인정을 해주기로 한 것이다. 성미 급한 바람이 먼저 나서서 무서운 강풍을 있는 힘껏 불어댔지만 실패하고 말았다. 나그네가 외투로 몸을 더욱 휘감고 손으로 꽉 조였던 것이었다. 그러자 이번엔 해가 나섰다. 처음에는 따스한 빛을 조금씩 비추다가 점점 더 빛을 강하게 하자 나그네는 결국 무더위를 견디지 못하고 그만 외투를 벗어 던지고 말았다.

지금의 내 마음이 우화 속의 나그네 심정과 비슷하다고나 할까. 이런저런 꼼수로 저울질을 하다 마감이 끝난 상태에서 예약이 들어왔고, 어렵게 선표를 구해 행사를 성사시켰는데도 총무는 고마움보다 마음에 들지 않았던 게 더 많았던가 보다. 관광버스 문제만 해도 그렇다. 정해진 시간에 부두에 도착하려면 일찍 출발해야 해 탑승 장소를 두 군데로 정했다고 불만, 준비한 음식물로 아침을 해결하고 남은 것을 실어 놓아야 하는데 부두에 차를 이틀 동안 대기시키지 않는다고 여행사를 잘못 선택했다는 등 노골적인 불만을 토해냈다.

여행경비에 왕복 수송 비용이 포함되었지만, 관광버스를 이틀 동안 대여하기는 어렵다. 성수기라 요금이 만만찮은 데다 하루 내내 관광버스를 운행하는 게 아니어서 편도 요금만 따로 산정해서 계약하면 되는 것이다. 자칫 잘못하다가는 행사를 진행해 남은 이익금보다 차량 대여비가 훨씬 더 들어가는, 배보다 배꼽이 더 큰 행사가 되고 말지도 모르기 때문이다.

무슨 일이든 목적한 일을 달성하는 데는 방법이 필요하다. 스스로 마음을 일으켜서 하도록 하면 그 과정도 즐겁고 결과도 좋아지는 것이다. 세상살이와 단체의 리더도 마찬가지다. 이미 결정되었고 진행 중인 일을 가지고 투덜거리고 문제 삼는다고 모든 일이 자신이 원하는 대로 굴러가지는 않는다.

총무와는 오늘이 첫 대면이었다. 그동안 전화와 톡으로 업무를 대신한 것이다. 그런데 그녀는 출발하면서부터 내내 툴툴거리기만 했다. 그렇게 무조건 딴지를 걸기보다는 "새벽부터 비도 내리는데 이렇게 행사를 끝까지 신경 써 주셔서 고맙다."고 칭찬을 해주었으면 내 마음은 어땠을까. 그랬다면 나 역시 손해를 조금 보더라도 기분 좋게 찬조금을 내고 다음번 행사를 기약하였을지도 모른다.

부피가 줄어들지 않아 답답한 호주머니 속 지갑을 꺼내 열어본다. 그 안에는 이른 새벽부터 외출을 준비했다가 나가는 길조

차 막혀버린 누런 지폐 몇 장이 고스란하다. 현명하고 자상한 삶을 살았던 신사임당의 초상화가 오른쪽에 선명하게 그려져 있는.

• 탄핵 인용이 결정되던 날

하늘이 우중충하다. 그래서 그런지 길거리 사람들의 표정도 어둡기만 하다. 몇 달 을 끌어온 대통령의 탄핵이 오늘 가결되어서다. 그것을 막상 확인하고 보니 참으로 허망하다. 지나간 일련의 일들을 다시 되짚어야 하는 이유이기도 하다.

차 전문점이 들어섰다. 내가 15년이나 운영했던 여행사의 자리다. 중국에서 차 공부를 마치고 귀국한 건물주의 딸이 차 전문점 위치로는 그곳이 적격이란다. 울며 겨자 먹기로 장소를 내어주고 1층에서 2층으로 사무실을 이전했다.

유례없는 불경기가 이어졌다. 행인들 눈높이보다 높은 간판에다가 출입문도 대로가 아닌 건물 뒤쪽이라 더하다. 두 배나 넓은 사무실에 관리비와 냉난방비가 곱절이라 엎친 데 덮친 격이다. 탁월한 영업 실력이라도 있으면 모를까. 결국은 버티지 못하고 짐을 싸고 말았다.

그런 것들이 미안해서일까. 찻집을 운영하던 그녀가 가끔 나를 초대했다. 오늘이 그날이다. 금방이라도 쓰러질 것 같은 가냘픈 몸매로 숙련된 솜씨로 차를 우려내는 모습이 나름 경지에 들어선 듯도 하다. 거기다 미모까지 더해져 괜히 황제라도 된 듯 기분이 우쭐해진다.

솔직히 나는 차 맛을 잘 모른다. 차에 대해 그다지 박식하지도 제대로 음미할 줄도 모른다. 다만 젊은 시절에 관심이 있어 자췻집에 다구를 구입해 끓여 마시는 정도였다. 그것이 인연과 보람이 되었는지 아내도 그 연장선에서 만났었다.

차를 마시다 보면 대화가 이어진다. 그럴 때면 그녀의 이야기에 저절로 빨려들 때가 많다. 그런데 오늘은 누가 시샘이라도 하려는 듯 찻집 분위기와 전혀 어울리지 않는 노래가 흘러들어왔다. 가수 심수봉이 불러 공전의 히트를 기록한 〈남자는 배, 여자는 항구〉라는 노래였다.

노래라는 것은 참으로 묘하다. 어떤 심정과 분위기에서 듣느냐에 따라 그 느낌이 완전히 달라진다. 약간의 비음에다 허스키한 심수봉의 노래와 가사에는 묘한 끈적거림이 있다. 처음 그 노래를 들었을 때는 가사가 조금은 충격적이었다. 다른 사람은 몰라도 내게는 마치 남자와 여자의 성을 은유적으로 표현한 것처럼 들렸다. 그 묘사가 얼마나 절묘하던지 벌린 입이 다물어지지 않았다. 에로틱한 성행위가 자꾸만 떠올라 경외감마저 들 정도였다.

누구는 쉽게 말하곤 한다. "뭐 눈에는 뭐만 보인다고." 그래도 할 수 없다. 듣는 대로 상상하고 보이는 대로 느끼는 게 인간 아닌가. 수많은 배가 드나드는 항구가 온 우주 만물을 다 담을 수 있는 자궁이라면, 끊임없이 드나드는 배는 남자의 성으로 인식될 수도 있지 않은가. 그 노래가 대중에게 폭발적인 반응을 불러일으키게 된 것은 보통 사람들의 정서와 많이 호응이 되고 교감이 일어났기에 가능해지지 않았을까.

노래 가사와 곡은 실화가 바탕이라고 한다. 그런데 그 내용은 내가 상상한 것과는 조금 다르다. 인천 앞바다에서 두 남녀가 헤어지는 장면을 보게 된 가수 심수봉이가 두 사람의 모습이 너무나 애절해 가사를 쓰고 곡을 붙였다는 것이다. 그 후 두 사람은 부부가 되었지만 1년에 한 번 정도씩 만나면서 결혼 생활을 영위했다고 한다. 남자의 직업이 배를 타고 세계를 돌아다니는 외항 선원이었던 까닭이다.

"차 맛이 어때요."

낭랑한 그녀의 목소리에 순간의 깊은 상념에서 화들짝 깨어난다.

"찻주전자에 어떤 물을 붓고 차를 매치시키느냐에 따라 풍미와 향을 향유하는 맛이 엄청나게 다릅니다. 제철에 화개마을에서 차를 만들어가며 맛본 차 맛을 기억했다가 집에 돌아와 차를 끓이고 차 맛을 보면 영 맛이 다르다는 것을 느끼는 게 대표적입니다. 대부분은 물이 원인으로 지리산 계곡에서 흘러내리는 자연생수로 다려낸 차의 맛과 수돗물을 끓여 마시는 차 맛이 다른 것은 너무나 당연한 이치가 아닐까요."

차에 문외한인 내가 생각해도 고개가 저절로 끄떡거려진다. 그런데 더 놀라운 것은 물만 아니라 다구(茶具)에 따라 차의 맛이 달라진다는 것이다. 흔히 차를 우려내는 찻주전자를 다호(茶壺)라 부르고 그 종류가 다양한데, 가장 좋은 것은 적갈색 또는 자흑색을 띠는 자사호(紫砂壺)라고 한다. 2013년 캐나다 토론토에서 열린 중국 예술품 경매에서는 무려 4억 원이나 되는 금액에 낙찰이 되었다고 한다.

찻잔도 마찬가지다. 내가 아는 지인은 찻집에 가거나 초대를 받을 때는 항상 자신의 찻잔을 들고서 간다. 그 이유는 찻잔에 따라 차의 맛이 천양지차라는 것, 그 조그마한 찻잔의 가격도 백만 원이 넘는다고 한다. 처음 그 말을 들었을 때는 반신반의했지만 막상 두 개의 찻잔에 차를 넣고 천천히 음미하면서 마셔보니 미묘하게 맛이 다르더라는 것이다. 분명히 끓인 물에 우려낸 차인데도 불구하고 마치 물이 살아있는 것처럼 느껴진 것이다.

차를 즐기고 좋아하는 사람들은 누구나 다 명품 차와 다구, 좋은 물을 원할 것이다. 그러나 그것을 다 갖췄다고 좋은 차를 우려내는 것은 아니다. 그것을 증명하고 확인해 준 사건이 이번 대통령의 탄핵 결정이 아니었을까. 의식이 뛰어난 국민이라는 물에 입법부 · 사법부 · 행정부라는 좋은 다구(茶具)를 갖췄지만, 차를 제대로 끓이고 우려내어야 할 사람이 그 본분을 다하지 못해 차의 맛이 엉망이 되고 국민은 파탄에 빠진 것이다.

우리 국민의 의식은 거의 100점에 가까울지 모른다. 그러나 이 나라 최고지도자와 입법부 국회의원들은 제대로 된 국정운영을 하지 못하였다. 그 결과 헤아릴 수 없는 수많은 고통을 당한 건 오로지 그들을 따랐던 국민뿐이다. 국민은 일류, 정치는 삼류라는 말에 자꾸 가슴이 무너져 내린다.

과연 두 달이라는 짧은 기간에 제대로 된 국정 책임자를 골라내고 발굴할 수가 있을까. 믿을 것이라곤 오로지 어려울 때 오뚝이처럼 다시 일어섰던 슬기로운 우리 국민의 의식뿐인 것을.

• 배려의 부메랑

어떻게 말을 꺼낼까. 풀어서 내어놓기가 여간 어려운 게 아니다. 알고 지낸 지가 수십 년, 짧지 않은 그 긴 세월 속에 다져놓은 인연을 허투루 만들 수는 없지 않은가. 그렇다고 언제까지나 가슴속에 품고 다닐 수는 없다. 조금은 섭섭하게 들리더라도 이번 기회에 털어야만 하겠다.

삼십여 년 전부터 국내 여행에 몸담았다. 주업은 안내 등산, 한곳에 집결해 출발하던 시절이었다. 그러다 세월이 흘러 교통량이 증가하고 자가용이 늘어나면서 다양한 목소리가 생겨났다. 편리함을 추구하는 손님들의 욕구에 중간 경유지 몇 군데를 만들었다. 치열한 경쟁에 타사와의 형평성도 고려해야 했고, 예약순서에 따라 좌석이 미리 정해지고 어느 장소든지 자리 변동이 없다는 것도 한몫했다.

첫 출발 장소는 대구법원 앞이다. 드넓은 주차장에 주말엔 무료 주차가 가능한 곳이다. 시내를 관통하는 달구벌대로에 경유지 네 곳을 정했다. 출발지에서 10분, 15분, 20분, 30분 정도가 걸리는 지점이다. 제일 먼저 염두에 두었던 건 교통으로 지하철과 버스정류장이 가까운 곳을 선택했다. 귀가 차량은 마지막 경유지인 성서 홈플러스를 필두로 출발지인 법원은 가장 늦게 도착하도록 했다.

누구도 경험해보지 못한 대참사가 벌어졌다. '코로나19'에 여행업은 초토화, 모두 멍하니 정신이 나가버렸다. 대형버스로만 진행했던 행사가 중형버스로, 그마저도 어려워지자 승합차로 대체되었다. 직접 운전하고 뛰어다녀야 했다. 적은 인원의 참석이라 마지막 도착지는 법원이 아니라 자주 오시는 분 집 가까이가 되었다.

그렇게 몇 달이 흘러가자 예기치 않은 문제가 보였다. 집 근교에 계시는 분들을 태우고 출발지로 나가는데 눈치가 자꾸 보이더라는 것이다. 가장 먼저 차를 타는데 가장 늦게 내리게 되어, 대구에 도착한 시간에 비해 귀가 시간은 점점 더 늦어지는 것이다.

어디 그것뿐인가. 사람의 마음은 끝이 없어서인지 아주 작은 것에서 서운함이 생기는가 보다. 남향에 계시는 분들을 위주로 태우다 보니, 우리 집 북향에 계시는 분들이 내심 섭섭했을 수 있다.

남쪽에 계신 분들의 예약이 없으면 북향에 계시는 분들의 편의에 맞춰 픽업하지만, 양방향 분들이 동시에 예약하면 그때는 또 난감해지는 것이다. 한쪽의 편의만 제공하고 다른 쪽은 모른척할 수 없어, 결국에는 내가 사는 거주지를 한참이나 더 지나쳐서라도 모셔드리고 돌아올 수밖에 없는 것이다.

처음엔 어쩌다 한두 번이라 여겼다. 대중교통에 걸리는 시간도 절약하고 만만치 않은 택시비라도 아끼라는 배려였다. 어차피 나가고 들어오는 길에 집 가까이 계시는 분들을 태우고 나가면 좋지 않겠느냐는 단순한 생각이었다. 그런데 그것이 한 번이 아니라 여러 번 반복되다 보니, 어느 순간부터는 당연한 것으로 받아들여졌다. 고객관리 차원에서 계속 그렇게 해주는 것도 나쁘진 않지만 그럴수록 내 몸은 점점 피곤해진다는 것이다.

이제는 오뉴월 하루 땡볕도 무서운 나이다. 앉았다가 일어서면 현기증이 나기도 하고 허리가 부드득 결리기도 한다. 예전이었으면 한바탕 잔치라도 벌였을 나이가 당장 내일모레다. 집에서 여행 목적지까지는 적게는 세 시간에서 네 시간 이상, 왕복으로 여섯 시간에서 아홉 시간 가까이 운전하는데 그러나 보면 목은 전봇대처럼 뻣뻣해지고 몸은 천근만근이 된다. 거기다 손님들과 똑같이 등산까지 소화해야 하니 팔팔한 이십 대라도 견디지 못할 강행군인 셈이다.

"다음부터는 처음 출발지인 법원까지만 운행합니다. 아침에 내가 모시고 나오는 사람이 없으면 기존처럼 가까운 곳에 내려드릴 수도 있지만, 될 수 있으면 법원까지만 운행할 테니 부디 양해를 부탁드립니다."

오랫동안 생각하고 또 생각해서 내린 결론이다. 나름 충분히 설명했다고 여겼는데 받아들이는 사람은 그게 아니었던가 보다. "쾅!!"하고 유난히 크게 닫히는 조수석 문소리가 내 마음을 철렁하게 만든다. 마치 "기껏 돌아봐야 몇 분이나 더 걸린다고, 차라리 태워주기 싫으면 그냥 태워주기 싫다고나 하지."라고 말하는 것만 같았다.

원칙은 세우고 지키라고 있는 것이다. 그것을 너무나 쉽게 생각하고 간과했던 것이 원인의 불씨를 제공한 것이다. 상황이 힘들고 조금 어렵다고 일시적으로 정에 이끌려 깨어버린 대가가, 원래의 목적과는 너무나 다르게 부메랑이 되어 내게 돌아올 줄은 전혀 몰랐다. 하지 않을 때보다 오히려 더 못한 결과가 되어 버리고 보니 괜히 긁어서 부스럼을 만든 건 아닌지 자괴감마저 드는 것이다.

즐기고자 떠나는 게 여행이고, 건강하게 오래 살려고 하는 운동이 등산이다. 그러나 아무리 그 취지가 좋더라도 거리가 멀고 걷는 시간이 길어지면 그만큼 신체의 피로도는 더 높을 수밖에 없다. 그럴 때마다 서로를 존중해주고 배려해주면 더없이 좋겠지만, 사람의 마음은 대부분 그렇지 못하다. 자기 자신이 가장 최우선으로, 받은 것은 쉽게 잊어버리고 준 것만 자꾸 생각하게 되는 것이다.

진정한 영업이란 손님의 마음까지도 헤아리고 녹이는 것이다. 하지만 원칙에서 벗어나 무조건 주기만 하는 것은 진정한 영업이 아니다. 아무리 해주어도 그 끝이 보이지 않기 때문이다. 녹록한 세상일이란 단 하나도 없다. 그렇지만 이제는 조금 어렵고 힘들더라도 원칙을 지키며 천천히 돌아가 보려고 한다. 단 한 번뿐인 내 인생, 그 어느 것보다 소중한 것이 나의 건강이니까.

• 버스를 타는 이유

시내를 가로질러서 한참을 걷는다. 퇴근길 버스를 타기 위함이다. 좀 더 솔직히 말하면 걷는 운동도 할 겸 좌석에 앉아 편하게 집에 가기 위해서다. 퇴근 무렵이면 외곽에서 출발한 버스는 시내 중심부에 많은 사람을 쏟아 놓고는 그보다 더 많이 태우고 떠난다. 한두 코스를 더 걸어 정거장에 간 다음 승차하면 그만큼 좌석에 앉을 확률이 높아진다.

나름 패션을 선도한다는 도심 가운데 사무실이 있다. 유행에 민감한 도시답게 늘씬하고 예쁜 아가씨들이 거리에 즐비하다. 점잖은 누군가에겐 관음증으로 매도될 수도 있겠지만 거리를 걸을 때면 왠지 기분이 좋아진다. 잠시나마 나이를 잊게 되고 조금 더 젊어지는 기분이랄까. 젊음의 거리를 바라보는 것만으로도 즐거운데 그들 사이를 걸어 나오면 저절로 젊어지는 게 아닐까.

사무실 가까이 버스정류장을 두고 걷는 이유가 있다. 처음엔 단순히 부족한 운동을 조금 채운다는 꼼수에서 시작된 걷기였지만 시간이 지나면서 많은 장점이 있다는 걸 깨닫게 되었다고나 할까. 버스정류장 두 개 정도를 더 거슬러 오른다고 무슨 운동이 되겠느냐고 반문할 수도 있지만, 척추를 곧게 펴고 걸음걸이를 어떻게 걷느냐에 따라 엄청나게 건강이 달라진다는 걸 알게 되었다. 또 자가 운전을 하지 않으니 차량의 정체와 얌체족들 때문에 짜증을 낼 일도 상스러운 욕을 내뱉을 이유도 없어졌다.

불과 1년 전까지 자가용으로 출퇴근을 했다. 그러다 어떤 연유로 사무실을 옮기게 되면서 대중교통을 이용하기 시작했다. 처음엔 누가 뭐라고 하지 않는데도 괜히 눈치가 보이고 마음이 불편했지만, 지금은 많이도 편해졌다. 거기다 출근으로 이용하는 노선버스의 출발점이 두 정거장 전이라 의도하지 않아도 좌석에 앉아 갈 때가 많다. 사십여 분의 여유를 즐길 수 있게 된 것이다.

버스를 타면 좋은 점은 책을 읽을 수가 있다는 것이다. 무조건 책을 읽어야 할 이유는 없지만, 눈을 감지 않으면 딱히 할 일도 없다. 자칫 시선이라도 잘못 돌리면 불편함과 부딪힐 수 있다. 봉긋한 젖가슴이 돋보이는 상의와 짧은 치마로 무장한 젊은 아가씨들이 매력을 한껏 발산하는지라 눈을 둘 곳이 마땅찮다. 시선을 오래 고정하면 주책없는 아저씨, 또는 성추행범으로 오인당하기 쉬운 세상이다. 그럴 바엔 차라리 책에다 시선을 고정하는 게 낫다. 옆자리에 짧은 반바지와 치마를 입은 여자만 없다면 말이다.

독서의 계절이라는 가을이다. 출퇴근길에 버스 안에서 책을 읽으면 한 달에 몇 권의 책을 읽을 수 있을까. 20시간 이상 허락되니 두 권 가까이 책을 읽게 되지 않을까. 우리나라 성인들의 연평균 독서량은 9.2권, 명색이 글을 쓴다는 수필가인데 그보다는 훨씬 더 많이 읽어야 할지도 모른다. 그러다 보면 혹시 아는가, 나의 이름으로 된 명수필 한 편이 탄생하거나 글을 깊이가 훨씬 더 깊어질지. 이래저래 가을은 점점 더 깊어지고 있다.

• 말은 참새가 아니다

그날은 강진과 영암으로 등산을 떠났던 날이었다. 아침부터 하늘은 잔뜩 찌푸려져 아름답게 빛나야 할 산하가 온통 베일에 가려지던 날이기도 했다. 그나마 다행인 것은 바람이 가끔 불어와 한 뼘의 조망이 열렸다는 것이다. 파란 하늘은 수줍은 듯 운무 뒤로 숨어버렸고, 간간이 하얀 바위 능선들이 속살을 드러내곤 하였다.

출발 후 4시간이 지나서야 목적지에 도착했다. 호랑이 울음소리를 녹음해 확성기로 틀면 산짐승들이 도망간다는 강진의 달마지 마을이다. 실제처럼 보이는 크고 작은 여러 마리 호랑이 조형물이 있었다. 월각산과 주지봉, 문필봉을 연결하는 종주 팀을 내려놓고, 짧은 등산과 유적탐방을 목적으로 하는 나머지 참석자들을 인솔해 다음 목적지로 향했다.

두 번째로 도착한 곳이 영암군 구림리 성기동이다. 붓의 끝처럼 보이는 뾰쪽한 주지봉과 현묘하면서도 신령스러운 바위 봉우리들이 군무를 추는 문필봉 자락이다. 예로부터 풍수지리에서는 불꽃처럼 보이는 화산(火山)과 뾰족한 봉우리를 첨봉(尖峰)이라 불렀다. 학자의 의미인 문(文)으로 풀면 부드러운 붓(筆)이 되고, 무장(武將)을 상징하는 무(武)로 풀면 날카로운 칼(劍)이 된다. 그래서일까. 불세출의 인물 왕인박사와 도선국사, 고려의 최지몽도 이 마을 출신이었다.

마을 입구에 있는 문산재(文山齋)는 마을의 자랑이었다. 이름난 선비와 훌륭한 유학자들을 배출한 학문의 전당으로 학덕이 높은 석학들을 초빙해 문과와 무과에 급제하는 인사들이 끊이지 않았다고 한다. 1,600여 년 전 왕인박사도 이곳에서 수학하고《천자문》1권과《논어》10권을 가지고 일본으로 건너가 일본 학문의 촉진제가 되었다. 영대암 아래의 거대한 바위 지대에는 '책굴(冊窟)'이 있다. 어릴 때 왕인이 공부한 장소로 밖에서 보면 커다란 바위처럼 보이지만, 막상 안으로 들어서면 육중한 바위들이 지붕 구실을 해 방안처럼 아늑해지는 곳이다.

작은 구릉을 넘자 본격적인 등산이었다. 거대한 나신이라도 가리려는 듯 운해는 사방으로 자욱했고 바람은 점점 더 거세었다. 몸으로 한 걸음 한 걸음 느끼면서 걸었던 이유다. 종주에 비하면 산행이 짧다고는 하지만 산을 오르는 것은 똑같다. 그래서 산은 얕은수를 쓰지 말라며 늘 경고 하듯 가르치는지도 모른다. 운무가 짙어질수록 신비스러움은 더해졌으나 마음속 불안감은 더욱더 증폭되었다.

산행을 시작한 지 두 시간여 만에 문필봉이었다. 더할 수 없이 교묘하면서도 절묘한 바위로 형성된 바위봉이라, 굵은 밧줄을 잡고 매달리듯 올랐다. 맑은 날이면 높은 곳이 선사해 주는 아찔함에 망설임도 있었겠지만, 몽환적인 안개에 취하다 보니 오히려 더 겁 없이 올랐을지도 모른다. 하지만 모든 신경은 다른 데 있었다. 몇 미터 앞도 안 보이는 가시거리에 초행의 길이라 하산로를 어느 쪽으로 잡아야 할지 암담해서였다. 인적마저 드문 산이라 등산 초입에 청년 두 명을 만난 게 전부였다.

십여 명의 일행들이 서로를 격려하며 산 아래로 향했다. 불투명한 조망에 하산이 길어서일까. 가슴 속 불안감은 점점 더 커져만 갔다. 그런데 일행들 그 누구도 그런 마음을 겉으로 드러내지 않았다. 나에 대한 절대적인 믿음도 있었겠지만, 괜히 말을 꺼냈다가 다른 사람들에게 불안한 마음이 전이될까 두려워서였을 것이다. 그런데 그때 그런 내 마음을 폭로라도 하듯 누군가가 퉁명스럽게 물었다.

“이 길이 맞긴 맞나?”

고개를 돌려 보니 모임의 총무였다. 순간 속에서 알 수 없는 무언가가 훅 올라왔다. 산행 경력만 25년여, 단 한 번이라도 엉뚱한 곳으로 하산해 일행들을 곤경에 빠뜨린 적이 없었기에 화가 더 난 것인지도 모른다. 그런데 그걸 누구보다도 잘 알고 있는 사람이 그렇게 말한다는 것에 그만 화가 나버리고 말았다.

해마다 연말이면 일 년을 결산하는 모임들로 분주해진다. 코로나 사태가 전 세계를 휩쓸었던 작년도 예외가 아니었다. 그 와중에 기쁜 소식이 하나 전해졌다. 오랫동안 인연을 맺어 왔던 한 지인이, 해마다 수여하는 문학상의 수상자로 선정이 되었다. 오랜 기간 모임의 총무를 맡았던 분으로, 문필봉 산행을 함께한 에피소드의 당사자이기도 했다.

누구보다도 먼저 나서 축하를 해주어야 했는데도 정작 시상식에는 참석하지 못했다. 시상식이 열리던 날, 나는 제주도에 있었다. 결혼식 후 30여 년 동안 단 한 번도 2박 3일 이상 여행을 같이 한 적이 없는 아내와 처음으로 여행 중이어서다.

행사가 끝나고 나니 걸리는 게 한둘이 아니다. 그가 수상자로 선정되었을 때, 그와 나는 여러 명의 지인과 강원도 횡성에서 등산을 하던 중이었다. 그때도 축하한다는 인사를 시원스럽게 해주질 못하고, "누군가는 이 소식을 들으면 질투를 하겠네."라고 다소 엉뚱한 소리를 해 버리고 말았다.

그동안 헤아릴 수 없을 만큼 많은 필봉과 첨봉을 오르내렸던 결과물은 아닐 것이다. 그의 남다른 재능과 노력을 오랫동안 곁에서 지켜봐 왔기에 문학상 수상이 다소 늦은 감이 없지도 않다. 이번 기회에 다시 한번 축하한다는 말을 글로서라도 전하고 싶은 이유다. 피치 못할 상황으로 미처 표현하지 못한 축하의 꽃바구니와 밥 한끼는, 화사한 꽃들의 향연이 시작되기 전까지 한 번쯤은 기회가 올 것이라 여겼었다.

러시아에 예로부터 전해져 오는 말이 하나 있다. "말은 참새가 아니다."이다. '한번 날아간 참새는 언제든 잡을 수 있지만, 한번 해버린 말은 절대 그렇지 못하다.'라는 뜻이다. 별것도 아닌 말에 서운해질 수 있는 나이라 그런지, 그와는 근래에 연락이 잘 되지 않아 안타까운 마음뿐이다.

사소하고 작은 오해에서 비롯되는 여러 가지 생각들은 시간이 지날수록 확대될 수 있어 빨리 푸는 게 좋다. 그렇지만 세상사 모든 것이 생각대로 흘러가진 않는다. "칼에 맞은 상처보다, 말에 맞은 상처가 더 아프다."라는 말이, 오늘따라 유난히 가슴 아프게 들리는 이유이기도 하다.

• '성실'이라는 나무에 열린 열매

1. 꿈꿀 수 없었던 시절

연일 폭염이다. 숨쉬기조차도 버겁다는 비유가 무색하지 않다. 에어컨과 선풍기마저 없었으면 이 여름을 어떻게 견뎌낼 수 있을까. 그러나 날씨가 아무리 덥다고 한들 그곳만큼이야 할까.

"우리 집 형편에 고등학교까지 보냈으면 아비 역할은 다했다."

아버지의 그 한마디는 내 모든 것을 일순간에 마비시켜 버렸다. 갑자기 기울어진 가세 탓이라고는 하지만 기대했던 대학 진학이 눈앞에서 좌절되고 보니 그저 눈앞이 깜깜했다. 백도 연줄도 없는데다 앞날에 대한 희망마저도 사라졌다고 생각하니 자포자기 심정이 되었고 쫓기듯 흘러들어간 곳이 S금속이었다.

S금속은 부산에 있는 방위산업체다. 그곳에서 5년간 근무를 하면 군 면제를 받을 수 있다는 것은 나중에 알았다. 군의 주력화기인 대포와 포탄 껍데기 등을 생산하는 회사로 그런 회사가 내게 사무직을 제안할 리는 없다. 발령 받은 부서는 생산직인 '주물반', 회사 내에서 가장 작업환경이 열악한 곳이었다.

처음엔 몰랐다. 2명의 신입사원을 뽑는데 왜 이십여 명에 달하는 실습사원이 필요했는지를. 하루가 지나자 십여 명, 이틀이 지나자 다섯 명으로 줄었다, 일주일이 지났을 때 남아있는 인원은 고작 2명이었다. 섭씨 1800도가 넘는 고온의 용광로에서 펄펄 끓는 쇳물을 조형물에 붓고, 열기가 식어 쇳덩어리로 굳어지면 주물사에서 분리해 털어내는 작업이 주 업무였다.

끝까지 버텨야 했다. 직장 구하기가 하늘의 별 따기라, 나를 원하는 곳은 그 어디에도 없었다. 거기다 빚까지 내어 먼 타지까지 내려간 터라 한 달의 하숙비도 결코 만만치 않았다. 나중에 들은 이야기에 의하면, 처음 이십여 명의 실습사원이 들어 왔을 때 내가 제일 먼저 그만둘 줄 알았다고 했다. 신장 176센티, 체중 60킬로, 허리둘레가 24인치였던 나는, 누가 보아도 부잣집 막내아들 같은 철부지 이미지였다.

그러나 그곳에서의 생활은 1년을 채우지 못했다. 수도꼭지처럼 흘러내리는 땀으로 인해 회사에서 지급된 파란 작업복은 한나절이면 하얀 얼룩으로 도배가 되었고, 이틀이면 푸른색이라고는 전혀 찾아볼 수 없는 하얀 작업복이 되어서가 아니었다. 작게는 몇 킬로에서 수십 킬로의 쇳덩어리와 하루 종일 허리힘으로 씨름하다 보니 허리가 견디지 못하고 그만 탈이 나고 만 것이다.

2. 거듭되는 좌절

다시 구한 직장이 K화학이었다. 화학원료로 비닐을 추출하고 인쇄를 해 납품을 하거나 아이스크림 용기를 만드는 회사였다. 실습과정 6개월을 거쳐 정식 직원으로 채용이 되는데 나는 입사 3개월 만에 정직원으로 승격이 되었다.

어느 정도 회사에 적응할 즈음 군대 영장이 나왔다. 현역군인이 60만이 넘고 허리까지 다친 전력이 있어 군대가 면제될 거라 생각했던 나로서는 마른하늘에 날벼락이었다. 1년 2개월의 보충역이라 50사단 신병교육대에서 3주간 훈련을 받고 복지근무 지원단에 배치가 되었다. 집에서 자전거로 약 1시간 정도의 거리로 육군 제 7837부대 31파견대였다.

타자기로 서류 작성을 주로 했다. 파견대 관할의 각 부대 PX에 납품되는 빵과 모든 식음료를 검수하고 담배와 양주, 맥주와 소주 등을 배정하는 일도 나의 몫이었다. 11톤 이상의 대형 화물차로 배정된 물품이 들어오면 하차해 창고에 저장하거나 상차하는 일도 병행했다. 군대 소집 영장이 워낙 늦게 나왔던 바람에 일이 년 아래의 학교 후배들을 선임으로 모시고 존댓말을 쓰게 되어 여간 곤혹스러운 게 아니었다.

제대를 하고 K화학에 재입사했지만 적응이 쉽지 않았다. 일주일 간격으로 주야간 교대근무를 해야 하는 작업환경이 아니라 장래에 대한 희망을 심각하게 고민하게 된 것이다. 그래서 시작한 것이 제1회 공인노무사 자격시험이었다. 입대 전 전국출판노조 K화학지부에서 잠시 사무장을 맡았던 적도 있었고 노동법이 엄연히 존재하는데도 왜 현장에서는 제대로 적용이 되고 있지 않는지 그것이 궁금하기도 했었다.

부산에서의 생활을 청산하고 대구에서 구한 첫 직장이 'SK 스마트 자전거'였다. 하지만 그곳 직장도 그리 만만치 않았다. 회사를 인수한 대표이사가 얼마나 저돌적으로 생산을 밀어붙이는지, 하루 300여 대에 불과했던 생산대수가 1년여 만에 1500여 대로 증가하게 되었다. 아침 일찍 출근을 하면 밤 9시 30분이 넘어야만 겨우 퇴근할 수 있어 정시근무나 조퇴는 언감생심, 창살 없는 감옥이 따로 없었다.

작업의 강도와 근무시간은 늘어나는데 월급 인상은 쥐꼬리였다. 노사협의회 제도가 있었지만 무용지물, 마주앉는 형식만 취했을 뿐 사용자의 일방적 통보가 전부였다. 그러던 중 근로자를 대표하는 자가 마치 사용자를 대변하는 듯한 발언을 하자 그만 참지 못하고 나서는 바람에 요주의인물이 되었고, 노동조합을 조직하고 결성해 신고를 하려다가 실패해 해고를 당하게 되었다.

3. '성실'이라는 나무에 열리는 열매

삼십여 년의 긴 세월이 지났다. 이제 내 나이도 오십대 중반을 넘어 후반이지만 나는 아직도 열심히 일하고 있다. 예전과 달라진 것이 있다면 지금은 그때와는 전혀 다른 업종에서 일을 하고 있다는 것이고 오너가 되었다는 것이다. 열심히 여행사를 운영하면서 틈틈이 글을 쓰기도 하는데, 얼마 전까지는 권위 있는 신문사의 '산사랑 산사람'이라는 코너에 글과 사진을 4년 5개월 동안 연재한 적도 있었다. 고등학교 졸업이 전부인데다 군대마저 보충역으로 전역했지만 어느 하루도 손에서 책을 놓은 적이 없고, 중요한 신문사의 기사들은 매일매일 하루도 빠짐없이 꼼꼼히 읽었던 것이 지금의 나를 있게 한 것이 아닐까.

성공이란 과연 무엇일까. 목적을 이루거나 뜻을 이루는 것으로, 자신이 생각하고 상상했던 모든 것들을 현실로 만드는 것일 것이다. 그런 의미에서 보면 지금의 내 인생은 철저히 실패작인지도 모른다. 내가 그토록 원하고 하고자 했던 일들은 어느 것 하나 제대로 이루어 놓은 게 없어서다. 그렇다고 세상의 모든 것들이 어느 날 하루아침에 뚝딱 만들어지고 저절로 이뤄졌다고는 절대 생각지 않는다.

공인노무사 시험에 도전해 자격증을 따는 데는 실패했지만, 근로법을 잘 알게 되었다. 근로자 대표와 불협화음이 생겨 그것을 해소하고자 등산을 나섰다가 적성에 맞아 등산장비점과 안내등산산악회에서 일을 하게 되었다. 그것을 바탕으로 여행사를 설립해 자립을 할 수도 있었다. 이른 아침 산악회 관광버스에 누군가가 놓아 준 전단지 때문에 평생교육원에서 공부해 종합문예지와 수필전문지에 수필가로 등단도 했다. 산을 다니다 보니 허리도 자연스레 건강해졌고, 산림청 주관의 산림문화공모전에 수필로 여러 번 입상을 하기도 한 것이다.

성공이란 무조건 거창해야만 할까. 나는 그렇지 않는다고 믿는다. 내일 당장, 아니 오늘 당장 어떤 일이 일어날지 아무도 예측하지 못하고 살아가는 게 우리 인생이다. 포기하지 않고 주어진 환경에 최선을 다해 살아가다 보면 어느 순간 부끄럽지 않은 현실이 열매로 맺힌다.

폭염의 휴일인데도 오늘도 나는 산을 오른다. 일주일에 한두 번이라고 해도 삼십여 년 이상 이어온 등산을 날씨를 핑계 삼아 중단하고 싶지는 않아서다. 이렇게 하루하루가 쌓이면 또 다른 내일이 열릴 것이다.

지홍석 수필집
도자벽화

인쇄 2022년 04월 30일
발행 2022년 05월 06일

지은이 지홍석
발행인 서정환
펴낸곳 수필과비평사
주 소 서울시 종로구 삼일대로 32길 36(운현신화타워) 305호
전 화 (02) 3675-3885, (063) 275-4000
팩 스 (063) 274-3131
이메일 essay321@hanmail.net
출판등록 제300-2013-133호
인쇄 · 제본 신아출판사

ISBN 979-11-5933-182-4 (03810)
값 13,000원
Printed in KOREA

* 본 서적은 2022년 대구문화재단 개인예술가 창작 지원으로 발간되었습니다.